W0308640

KANARISCHE INSELN

»Du bist hier näher an der Ewigkeit.
Die Sinnlosigkeit des Universums kannst du hier
mit Händen greifen, und diese Sinnlosigkeit ist
grausamschön, denn wozu muß denn alles das
einen Sinn haben, hombre?«

(Janosch)

FERRY BETANCURIA

KANARISCHE INSELN

Bilder von
Jürgen Richter
Texte von
Ralf Nestmeyer

Stürtz
LOOK

INHALT

Titelbild:
Punta de Teno, der westliche Kap Teneriffas.

Rückseite:
Beschauliche Ruhe im Hafen von Puerto de Mogan auf Gran Canaria.

Seite 1:
Verlassene Häuser gehören zum Bild von Fuerteventura (El Cotillo).

Seite 2/3:
Die Versorgung der Inseln leisten noch immer die großen Fähren.

Seite 6

Eine archaische Inselwelt im ewigen Frühling
Aus Feuer und Wasser geboren bietet der Archipel zahllose betörende Eindrücke.

Mirador de Isora auf El Hierro.

Karfreitag in La Laguna.

Seite 22

Die klassische Insel - Teneriffa
Stattlich und erhaben thront der Teide über der größten Kanarischen Insel.
Seite 38: Special »Karneval«

Seite 44

Gran Canaria
kontrastreich wie ein Kontinent. Gran Canarias Metropole Las Palmas - eine Weltstadt mit internationalem Flair.

Der Yachthafen von Las Palmas.

Seite 62

Schwarzglühendes Lanzarote
Die allgegenwärtige Vergangenheit sorgt für ein faszinierendes Farbenspektrum.

Landwirtschaft auf vulkanischem Boden.

Die Dünen von Corralejo.

Seite 76
Fuerteventura – ein Hauch von Afrika
Sandkorn für Sandkorn haben die Passatwinde die einzigartige Dünenlandschaft der Insel geformt.

Früchte von Gomera.

Gomera – die Insel des Alternativtourismus
Wie überdimensionale Rockfalten liegen die »Barrancos«, die Schluchten, um das Inselzentrum.
Seite 86

Salz aus dem Meer.

Seite 98
La Palma – der grüne Krater
Dieses Wanderparadies trägt den Beinamen »La Isla bonita«, die schöne Insel, zu Recht.

Seite
124 Daten zur Geschichte
126 Register
127 Karte

Seite 108
El Hierro – das Ende der Welt
Nur wenige Besucher verirren sich auf das abseits der Touristenströme liegende Eiland.

Der Glockenturm von Frontera.

EINE ARCHAISCHE INSELWELT IM EWIGEN FRÜHLING

Den Kanarischen Inseln haftet seit jeher eine magische Aura an. Schon im Altertum wurden sie als die »Glückseligen Inseln« gepriesen. »Dort ist kein Schnee, kein Winterorkan, kein gießender Regen, ewig wehn die Gesäusel des leiseatmenden Westes, welche der Ozean sendet, die Menschen sanft zu kühlen«, dichtete kein geringerer als Homer. Vielleicht gründet der verlockende Ruf des Archipels in dem schlichten Umstand, daß alle antiken Dichter, angefangen von Homer bis hin zu Ovid, Plutarch und Plinius dem Älteren, niemals einen Fuß auf diese sagenhaften Inseln gesetzt haben. Doch auch der weitgereiste Gelehrte Alexander von Humboldt zeigte sich noch Jahre nach seinem Aufenthalt vom Orotava-Tal auf Teneriffa tief beeindruckt: »Nachdem ich die Ufer des Orinoco entlang gefahren bin, die peruanischen Gebirge und die herrlichen Täler Mexikos gesehen habe, muß ich gestehen, daß ich nirgends einem abwechslungsreicheren, harmonischeren und bezüglich der Vegetation und Felsgruppierungen anziehenderen Bild begegnet bin.«

Urlaubsträume und Traumstrände

Die Kanarischen Inseln sind in gewisser Hinsicht die imaginären Produkte einer Traumwelt. Geboren im tristen Novembergrau eines regnerischen Morgens in Castrop-Rauxel oder Wanne-Eikel. Es könnte sich aber auch an einem nebelverhangenen Tag in einem Vorort von Liverpool oder im norwegischen Bergen, wo sich die Dunkelheit bereits am frühen Nachmittag der Häuserfluchten bemächtigt, ereignen. Auf einmal ist sie da, die Vision vom ewigen Blau des Himmels, vom heißen Gelb der Sonne, von endlosen Sandstränden, Palmen und angenehmen Temperaturen, die Klaus Schulze, Susan Smith und Henrik Lund dem Reisebüro entgegentreibt. Rund sieben Millionen Touristen im Jahr können sich nicht irren: Die ästhetische Anmut der grandiosen Insellandschaften und ihre Nähe zum europäischen Kontinent üben eine geradezu magische Anziehungs-

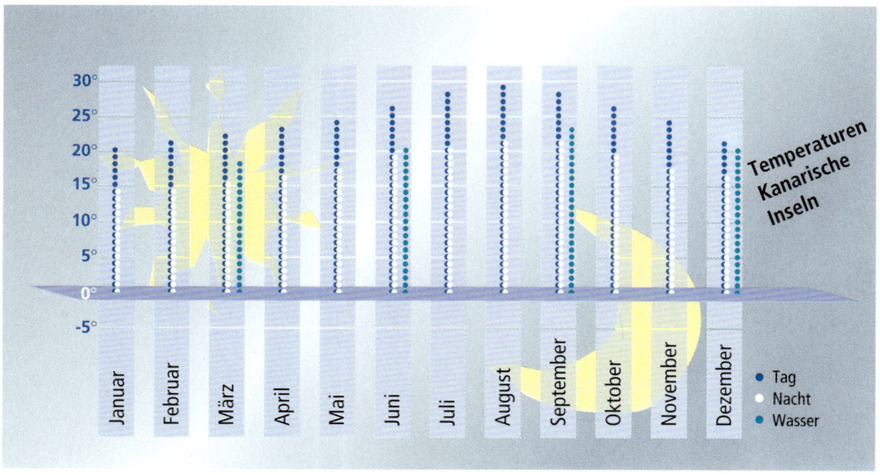

Seite 6/7: Mirador de Isora auf El Hierro.

Im Frühjahr 1986 besuchte der spanische König Juan Carlos zusammen mit seiner Frau Sofia als erstes spanisches Herrscherpaar offiziell die Kanarischen Inseln.

kraft aus. Die Flugpreise scheinen den Gesetzen der Marktwirtschaft zu spotten. Die Nachfrage steigt ständig, die Preise sinken in den Keller. Da sich immer mehr Fluggesellschaften ihren Anteil am goldenen Urlaubstaler sichern wollen, sind Tiefpreise von 349 DM für ein Returnticket von München nach Gran Canaria keine Seltenheit. Die Devise lautet: Abwarten und Zuschlagen, mit der Bahn nach Sylt käme es teurer. Als »Tropisches Spanien« wird die Inselgruppe gerühmt. Sicher, Afrika ist nah Die Küste Marokkos ist von Lanzarote und Fuerteventura schneller zu erreichen als Teneriffa oder El Hierro, doch daß die Kanarischen Insel unverkennbar zu Europa gehören, merkt man nicht nur, wenn man an der blaugelben Filiale eines bekannten schwedischen Einrichtungshauses vorbeifährt.

Von der Sonne gereift - die kanarischen Tomaten zeichnen sich durch ihren intensiven Geschmack aus.

Ernte auf einer Aloe-Vera-Plantage auf Gran Canaria. Das in den langen, dicken Blättern enthaltene »Gel« der Aloe Vera wird mit der Hand herausgeschält und zu kosmetischen Zwecken verwendet. Schon Cleopatra pflegte damit ihren Teint.

Sonnenemigranten und Aussteiger

Zuerst das Zuckerrohr, dann der Wein, und schließlich waren es die Bananen: Der Wohlstand der Kanarischen Inseln war schon immer eng mit einem einzigen Handelsgut verbunden. Innerhalb der letzten drei Jahrzehnte ist nun der Tourismus mit Abstand zum wichtigsten Wirtschaftsfaktor geworden; vielfach wird sarkastisch von der »Monokultur Tourismus« gesprochen. Inzwischen leben auf Lanzarote und Fuerteventura vier von fünf Insulanern direkt oder indirekt vom Fremdenverkehr. Neben den Urlaubern, die für zwei oder drei Wochen ihrem Alltagstrott entfliehen wollen, verbringen zigtausend Sonnenemigranten einen großen Teil des Jahres auf den Kanarischen Inseln. So komponiert Justus Frantz auf seiner Finca auf Gran Canaria, der Kinderbuchautor Janosch erfindet und malt seine Geschichten vom »kleinen Tiger und von dem kleinen Bären« auf Teneriffa, wo auch Jupp Heynckes den spanischen Erstligisten CD Teneriffa trainiert. Nicht zu vergessen: die älteren, gelegentlich als »Schwalben« oder »Zugvögel« bezeichneten Herrschaften, die fern von Schnee und Eis überwintern, sowie Aussteiger, die ihrer Heimat den Rücken gekehrt haben, um im milden, sonnigen Klima zu arbeiten und zu leben. Nicht wenige hatten aber doch nach ein paar Jahren die Nase voll - wie der Aussteiger in Harald Körkes Buch »Noch ein verdammter Tag im Paradies«: »Das Wetter da unten hat mich am Ende auch genervt. Kein richtiger Frühling. Kein Herbst. Kein Winter.«

Paradiesische Zustände

Es gibt auf dem gesamten Erdball kaum eine andere Region, deren Klima für den Menschen angenehmer und verträglicher wäre als das der Kanarischen Inseln. Die Passatwinde tragen wohltuend feuchte Luftmassen heran und beleben Geist und Natur. Die Temperaturen schwanken im Jahresdurchschnitt nur um wenige Grad, so daß man fast glauben könnte, auf den Inseln, die auf der Landkarte wie zufällig ins Meer gestreut wirken, herrsche der ewige Frühling. Dennoch sind die Landschaftskontraste extrem spannungsreich. Sie reichen von scheinbar trostlosen und menschenleeren Wüsten, faszinierenden Lavafeldern über immergrüne subtropische Lorbeerwälder bis hin zur Kargheit alpiner Gipfel - goldgelbe Sandstrände und Bananenplantagen inklusive. Inseln wie Teneriffa, Gran Canaria oder La Palma sind gar ein kleiner Kontinent für sich. Die Flora des Archipels erinnert an einen Garten Eden: Pinien und Kastanien wachsen ebenso wie Palmen und Kakteen; zinnoberrote Pelargonien und Weihnachtssterne gedeihen neben Amaryllis und anderen tropischen Blumenkindern. Rund 1700 verschiedene Pflanzenarten sind auf den Inseln anzutreffen. Ein knappes Drittel davon findet man nirgendwo sonst auf der Welt an.

Genau genommen gehören zum Kanarischen Archipel neben den sieben großen Inseln noch sechs kleinere, von denen die nördlich von Lanzarote liegende Insel Graciosa die bekannteste ist.

Rätselhafte Guanchen

Wegen der steinzeitlichen Kultur der Altkanarier wurde lange Zeit angenommen, eine Besiedlung der Kanarischen Inseln habe im dritten Jahrtausend vor unserer Zeitrechnung stattgefunden. Doch konnte in jüngster Zeit mittels verschiedener Radiokarbondatierungen ermittelt werden, daß die ältesten Siedlungsspuren nur bis ins Jahr 240 vor Christus zurückreichen. In mehreren Etappen müssen die ersten Bewohner, höchstwahrscheinlich hellhäutige Berberstämme aus Nordafrika, mit primitiven Booten von den starken Meeresströmungen hierher getrieben worden sein. Hatten sie sich aus freien Stücken auf den Weg gemacht, oder wurden sie gar von den Römern oder Karthagern aus ihrer Heimat vertrieben? Ein Mythos rankt um diese ersten Bewohner, die man irrtümlicherweise unter dem Namen »Guanchen« (was eigentlich nur »Söhne Teneriffas« bedeutet) kennt. Ein Seefahrervolk waren sie sicher nicht. Es ist fraglich, ob zwischen den einzelnen Inseln des Archipels in vorspanischer Zeit überhaupt Verbindungen bestanden hatten. Im Gegensatz zu ihren

Die prähistorischen Inschriften bei der Fuente de la Zarza (La Palma) erinnern an Petroglyphen wie sie auch aus Ägypten, der Bretagne und Irland bekannt sind.

Ursprüngen weiß man von ihren Lebensumständen relativ viel. Die Altkanarier lebten vom Ackerbau sowie der Ziegen- und Schafzucht. Da es auf den Inseln keine Erzvorkommen gibt, waren sie gezwungen, sich primitiver Steinwerkzeuge zu bedienen; auch das Rad war ihnen unbekannt. Als Behausungen dienten einfache, in den Boden gegrabene Räume, wie man sie zwischen Tahiche und San Bartolomé auf Lanzarote noch vorfindet, sowie natürliche oder in den Tuffstein gehauene Höhlen, die an der Caretta del Sur bei El Rio in Teneriffa oder Cenobio de Valerón in Gran Canaria noch zu bewundern sind. Das auffälligste Kulturmerkmal der Altkanarier war der Totenkult. Die Angehörigen der Oberschicht wurden mit einer Konservierungsmasse aus dem Saft des Drachenbaums, Kräutern, tierischen Fetten, Baumrinde und pulverisiertem Bimsstein mumifiziert. Danach wurde der Leichnam in kunstvoll verzierte Ziegenfelle eingewickelt und an rohe Bohlen gelehnt in speziellen Begräbnishöhlen aufgestellt.

Das Melken der Schafe gehört auch auf Gran Canaria noch zum Alltag; Kuhmilch muß vom spanischen Festland importiert werden.

Für die spanischen Konquistadoren war die ebenso erfolgreiche wie blutige Unterwerfung der Kanarischen Inseln gewissermaßen die Generalprobe für den Völkermord in Mittel- und Südamerika. In rund eineinhalb Jahrhunderten hatten die Spanier aufgrund ihrer militärischen Überlegenheit, List und Tücke das Archipel unterjocht, die »Guanchen« teilweise verschleppt und auf den Sklavenmärkten von Sevilla und Cádiz verkauft. Die Kultur der Altkanarier wurde fast restlos vernichtet, nur bei den Hirten haben sich einige althergebrachte Sitten und Gebräuche bis in unser Jahrhundert erhalten. Die Überlebenden fügten sich ihrem Schicksal, nahmen den christlichen Glauben an und assimilierten sich in kürzester Zeit, so daß 1541 ein italienischer Reisender, der die Sprache der Urbevölkerung aufzeichnen wollte nur noch einen einzigen Guanchen vorfand, der angesichts des Kulturschocks sein Dasein scheinbar nur im volltrunkenen Zustand ertragen konnte.

Karges El Hierro: Bilder aus einer andernorts längst vergangenen Zeit.

Inseln, wie zufällig ins Meer gestreut - Blick von Gomera auf La Palma.

La Palmas Erosionskrater Caldera de Taburiente wurde bereits 1954 zum Nationalpark erklärt. Die steil herabstürzenden Hänge der Calderawand bilden einen gewaltigen Kessel.

Lichtspiele am Roque Pernal auf Gran Canaria.

Bahia de la Hoya am Golfo, dem zur Hälfte im Meer versunkenen Krater von El Hierro.

Die starke Brandung an El Hierros Nordküste erlaubt das Baden nur in wenigen stillen Lavafelsbuchten.

Seite 16/17:
La Cumbre, das gebirgige Zentrum Gran Canarias. Die Passatwolken regnen an den Berghängen ab und bescheren der Landschaft ein üppiges Grün.

Seite 18/19: Flechten sind die »Pioniere« auf den Lavafeldern. Ihnen verdanken die Feuerberge (Montañas del Fuego) von Lanzarote ihre unterschiedlichen Farbnuancen.

Die Strichlava bei La Restinga auf El Hierro läßt die Kraft der Magmaströme noch erahnen.

Die salzliebende Kristall-Mittagsblume wurde früher zur Sodagewinnung kultiviert. Sie bevorzugt die Lavafelder in Meeresnähe.

DIE KLASSISCHE INSEL – TENERIFFA

Es gibt Inseln, die geradezu herausfordern, sie mit den Augen vom höchsten Punkt aus zu erobern. Teneriffa gehört dazu. Irgendwann macht sich ein innerlicher Drang bemerkbar, der Tag um Tag, Stunde um Stunde stärker wird, bis man schließlich dem schier unstillbaren Verlangen nachgibt, um den Gipfel des Pico del Teide zu erklimmen. Erklimmen? Die wenigsten nehmen die mehrstündige strapaziöse Besteigung über die Ostflanke auf sich, denn an der Südseite des Teide verkürzt eine Seilbahn den Aufstieg beträchtlich. Kabine um Kabine wird die touristische Fracht in wenigen Minuten bis fast an den Kraterrand hinaufbefördert. Nur 163 Höhenmeter trennen die Bergstation vom 3718 Meter hohen Gipfel des Vulkankegels. Dennoch kein Kinderspiel - es geht auf dem steilen, im Winter gar mit Schnee bedeckten Pfad nur mühsam bergauf. Spätestens am Kraterrand muß auch derjenige, der sich nicht stundenlang in die Warteschlange der Seilbahn eingereiht hat, die traurige Erkenntnis hinnehmen, daß er hier oben leider nicht der einzige ist.

Mit einer Fläche von 2057 Quadratkilometern ist Teneriffa die größte Kanarische Insel. Die mehr als 600.000 Tinerfeños leben zumeist im Norden.

Der Pico del Teide ist nicht nur der höchste Berg des Kanarischen Archipels, sondern von ganz Spanien, daher muß - so scheint es jedenfalls - jeder Spanier zumindest einmal in seinem Leben zum Teide hinaufgepilgert sein. Doch es gibt eine Möglichkeit, dem Ansturm der Massen zu entgehen. Dazu muß man eine Übernachtung in der Schutzhütte Alta Vista einplanen und sich schon sehr zeitig auf den Weg machen, um den Sonnenaufgang auf dem Gipfel weitgehend ungestört zu erleben. Oben angekommen blicken die meisten etwas enttäuscht in den relativ kleinen elliptischen Krater, doch berauscht eine grandiose Fernsicht, die 1799 auch den großen deutschen Naturforscher und Universalgelehrten Alexander von Humboldt tief beeindruckte: »Man erblickt auf seiner Spitze nicht allein einen ungeheueren Meereshorizont, der über die höchsten Berge der benachbarten Inseln hinaufreicht, man sieht auch die

Sonnenuntergang in den Cañadas del Teide. Im Volksmund werden die Felsen »steinerne Bäume« genannt.

Vom Gipfel des Teide überblickt man - den Berechnungen Alexander Humboldts zufolge - eine Fläche von 115.000 Quadratkilometern - rund ein Drittel der Bundesrepublik Deutschland.

Seite 22/23:
Bei der Karfreitagsprozession der Bruderschaft »Lignum Crucis« leben mittelalterliche Traditionen fort.

Wälder von Teneriffa und die bewohnten Küstenstriche so nahe, daß noch Umrisse und Farben in den schönsten Kontrasten hervortreten.«

Eine Handvoll Klimazonen auf wenigen Kilometern

Jeder, der auf dem Gipfel des Teide war, hat innerhalb kürzester Zeit mehrere Klimazonen durchquert. Seinem vulkanischen Ursprung, den großen Höhenunterschieden und den regenreichen Passatwolken verdankt Teneriffa seine landschaftlichen Reize. Unweit des Teide stehen die pittoresk verwitterten Roques de García, bizarre Vulkanauswürfe, deren markantester Block, der 30 Meter hohe Roque Cinchado, auf zahlreichen Fotos verewigt wurde. Im südlichen und westlichen Teil der Insel, den die Passatwinde nicht erreichen, herrscht eine karge, trockene Wüstenlandschaft vor, doch andernorts ist Teneriffas Vegetation ausgesprochen vielfältig. Sie reicht von Weingärten, Kiefern- und den nebelfeuchten Lorbeerwäldern im Anagagebirge bis hin zu Hochgebirgs- und beinahe vegetationslosen subalpinen Halbwüstenformationen. Ganz oben auf den trockenen Bimssteinhängen des Vulkans greifen die Wurzeln des Teide-Veilchens tief in die Erde; nur hier auf Teneriffa wächst das zarte Pflänzchen mit seinen violetten, manchmal auch gelblich-weißen Blüten. Nicht zu vergessen: die Drachenbäume, charakteristische Zeugen einer archaischen Landschaft. Der Drachenbaum von Icod de los Vinos gilt neben dem Teide gar als das zweite Wahrzeichen der Insel. Mächtig ragt er mit seiner gewaltigen, schirmförmigen Krone in den Himmel. Der »Drago millenario« ist siebzehn Meter hoch und hat einen Stammumfang von sechs Metern. Über sein Alter streiten sich die Experten: Während die Lokalpatrioten mit überzeugendem Nachdruck versichern, er sei über 3000 Jahre alt, schätzen die Botaniker den Baum »nur« auf rund 400 Jahre. Eine genaue Altersbestimmung ist kaum möglich, da die wahrscheinlich zu den Liliengewächsen zählenden Drachenbäume keine Jahresringe ausbilden. Selbst tropische und subtropische Gewächse, die von Natur aus nicht auf Teneriffa heimisch sind, gedeihen prächtig. Der Jardín de Aclimatación de La Orotava am Ortsrand von Puerto de la Cruz zählt zu den Hauptattraktionen der Insel. Diesen einzigartigen Botanischen Garten ließ König Carlos III. 1788 angelegen, um exotischen Pflanzen aus aller Welt die Umstellung auf das spanische Festlandklima zu erleichtern. Zwar schlug der spätere Transfer nach Spanien

Die durch Erosion freigelegten alten Vulkanschlote ragen in den stahlblauen Himmel.

Die Dattelpalme – Urlaubssymbol mit großem landwirtschaftlichen Nutzen.

Auf Teneriffa ist die größte Pflanzenvielfalt des Archipels anzutreffen, dazu zählen auch 135 sogenannte endemische Arten, die auf keiner anderen Insel zu finden sind.

zumeist fehl, dafür aber entstand hier mitten im Atlantik ein kleines botanisches El Dorado.

Manchmal wird der Natur einfach ein wenig nachgeholfen...

Teneriffa, die größte und abwechslungsreichste Insel des Kanarischen Archipels, wurde frühzeitig für den Tourismus erschlossen. Bereits seit Ende des letzten Jahrhunderts überwinterten die Engländer auf Teneriffa, die noch heute das größte Tourismuskontingent auf der Insel stellen. Der große, bis heute währende Besucheransturm setzte erst in den fünfziger Jahren ein; in Puerto de la Cruz entstanden die ersten Betonburgen. Seither wurde die Insel Stück für Stück touristisch erschlossen. Vor allem der sonnenverwöhnte Süden garantiert den erwünschten Urlaubsteint. Mit den kilometerlangen Sandstränden von Fuerteventura und Gran Canaria kann Teneriffa nicht mithalten, nur das Surferparadies El Médano weist einen größeren natürlichen Sandstrand auf. Doch die Tinerfeños schafften Abhilfe: Molen wurden angelegt, um die Brandung abzuhalten, so daß sich Sand ablagern konnte. Der Magistrat von Santa Cruz ließ gar für mehr als acht Millionen Mark goldgelben Sand aus der Sahara heranschiffen, um bei San Andrés einen fast 1,5 Kilometer langen künstlichen, von Palmen gesäumten Badestrand (Playa de las Teresitas) anzulegen. Am Hafen von Puerto de la Cruz, das sich in wenigen Jahrzehnten vom Fischerdorf zum Weltbad gemausert hat, entwarf der bekannteste kanarische Künstler, das Allroundgenie César Manrique, 1977 auf einer Landzunge das Meeresschwimmbad Costa de Martiánez: eine phantasievolle künstliche Seenlandschaft mit mehreren Schwimmbecken, Wasserfällen, Palmen, Basaltinseln, Skulpturen, Bars, Restaurants und einem Nachtclub.

Karnevalstreiben in Santa Cruz de Tenerife.

Im Gegensatz zu den Touristenzentren Playa de las Americas, Los Cristianos und Puerto de la Cruz wird das Leben der Inselmetropole Santa Cruz fast ausschließlich von Spaniern bestimmt. Dies wird besonders während des farbenfrohen Karnevals deutlich, der seinem südamerikanischen Vorbild in nichts nachsteht. Auf der Plaza de España tanzen die in aufwendige Kostüme gehüllten Tinerfeños zu Hunderttausenden. Die ganze Insel befindet sich zeitweise in rhythmischer Ekstase, denn auch andernorts wird Karneval gefeiert.

Die einstige Inselhauptstadt La Laguna ist bis heute das geistige Zentrum Teneriffas geblieben. Nur noch der Name der Stadt erinnert an den einzigen, aber seit langem ausgetrockneten kanarischen Binnensee, neben dem die Spanier 1497 wohlüberlegt die erste Stadt auf Teneriffa gründeten. Keine andere kanarische Großstadt hat ihren altspanischen Kolonialstil in vergleichbarer Weise bewahrt. Ein barocker Bischofspalast, Kirchen, Klöster sowie herrschaftliche Patrizierhäuser mit reichverzierten Portalen und holzgeschnitzten Balkonen erinnern an die ruhmvolle Vergangenheit. Bereits 1817 wurde hier die erste Universität des Kanarischen Archipels gegründet, ein Jahr später wurde La Laguna Bischofssitz. Während des Semesters verbreiten zwar mehr als 10.000 Studenten in den Bars und Restaurants von La Laguna eine ausgelassene Stimmung, doch den schmalen Straßen haftet dennoch ein beschaulicher, provinzieller Touch an.

Erst 1496, vier Jahre nach der »Wiederentdeckung« Amerikas, gelang Alonso Fernández de Lugo die Eroberung von Teneriffa. Das gesamte Kanarische Archipel stand von nun an unter spanischer Herrschaft.

»Kein Ort der Welt scheint mir geeigneter, die Schwermut zu bannen und einem schmerzlich ergriffenen Gemüte den Frieden wiederzugeben, als Teneriffa...« (Alexander von Humboldt)

Die Anaga-Halbinsel im Norden der Insel gilt trotz ihrer Nähe zu La Laguna und Santa Cruz de Tenerife noch fast als Geheimtip. Nur wenige Touristen suchen das vegetationsreiche, wildzerklüftete Anagagebirge auf. Die tiefen, mit Farnen, Flechten und Moosen bewachsenen Schluchten und die dichten Lorbeer- und Kiefernwälder sind ein überaus lohnenswertes Ziel für ausgedehnte Wandertouren. Immer wieder stößt man auf versteckte Dörfer, die nur auf Saumpfaden erreichbar sind, sowie auf einsame Strände. In Chinamada leben die Bewohner wie einst die Guanchen in Höhlen. Fast so, als wäre die Zeit stehen geblieben...

Neben dem mächtigen Drachenbaum von Icod de los Vinos wirken selbst Palmen wie Zierpflanzen.

Die Prozessionen in der Karwoche sind der religiöse Höhepunkt des Jahres. Verhüllte Büßer ziehen durch die Straßen von La Laguna.

La Laguna, die ehemalige Inselhauptstadt, ist noch immer das geistige Zentrum von Teneriffa. In der Abenddämmerung wird der Glanz vergangener Tage lebendig.

Mit dem gebührenden Ernst beteiligen sich auch die Kleinen an der Palmsonntagsprozession in La Laguna.

Über Tacoronte erhebt sich der Teide, das Wahrzeichen von Teneriffa und zugleich der höchste Berg Spaniens.

Mitte:
Eine Möglichkeit zu entspannen: Plaza 25de Julio in Santa Cruz de Tenerife.

Unten:
Puerto de la Cruz – Teneriffas Touristenmetropole.

Seite 31:
Die bizarr geformten Los Roques am Rand der Ucaba-Ebene sind alte, durch Erosion freigelegte Vulkanschlote - im Hintergrund der Teide.

Weithin sichtbar ist die neubarocke Basilika Nuestra Señora de Candelaria. Jedes Jahr wird hier am 14. und 15. August das Fest der Virgen de Candelaria, der Schutzpatronin der Insel, gefeiert.

Hinter der kleinen Kirche beim Parador Nacional de las Cañadas del Teide erhebt sich die mächtige Guajara-Wand.

Die Wilde Aloe, ein Liliengewächs, ist ebenso auf Teneriffa heimisch wie zahlreiche andere seltene Pflanzen.

Das zerklüftete Anaga-Gebirge im Norden Teneriffas ist ein Paradies für Natur- und Wanderfreunde.

Seite 36/37:
Rund um den 880 Meter hohen Gipfel gibt es noch reiche Bestände des immergrünen subtropischen Lorbeerwaldes.

Kanarischer Karneval - ein grandioses Spektakel

Wer behauptet, auf den »Inseln des ewigen Frühlings« gäbe es keinen Wechsel der Jahreszeiten, der war noch nicht im Februar oder März zur Karnevalszeit auf den Kanarischen Inseln. Gerade dann, wenn die Temperaturen eher mild sind, brodelt es in den Straßen und auf den Plätzen von Santa Cruz de Tenerife. Mit Stolz rühmt sich Teneriffa, den nach Rio de Janeiro größten Karneval der Welt zu feiern. Auf der Plaza de España von Santa Cruz tanzen die aufwendig kostümierten Tenerifeños in rhythmischer Verzückung zu Salsa- und Samba-Klängen, sich gegenseitig mit Babypuder bestäubend. Geschätzt wird, daß jedes Jahr zwischen 240.000 und 400.000 Teilnehmer durch die Hauptstadt Teneriffas toben und die Nacht zum Tag erklären. Wer annimmt, der Karneval beschränkt sich nur auf Santa Cruz, liegt falsch. In jedem noch so kleinem Dorf geht es hoch her, sehr bekannt sind auch die Spektakel in Puerto de la Cruz und Las Palmas de Gran Canaria. Sobald das Leitmotiv des nächsten Karnevals feststeht, richtet sich das Augenmerk der Tinerfeños auf ihren bevorstehenden Auftritt: Kostüme werden entworfen und genäht, Tänze geprobt, Musikstücke einstudiert. Egal ob das Motto »Ägypten«, »Zirkus« oder »Atlantis« heißt, der eigenen Kreativität sind keine Grenzen gesetzt, schließlich gilt es, vor Zuschauern und Freunden zu glänzen, Stadtgespräch zu sein. Monatelang dauern die aufwendigen Vorbereitungen, dennoch kann nicht jeder bei den großen Umzügen dabei sein. Nur wenn sich die eigene Murga- beziehungsweise Comparsagruppe in den Vorausscheidungswettbewerben gegen die anderen Tanz-, Musik- und Satiregruppen durchgesetzt hat, steht man beim Eröffnungsumzug in vorderster Reihe. Den eigentlichen Beginn und zugleich ersten Höhepunkt des Karnevals markiert die Wahl der Karnevalskönigin. In phantastische, farbenfrohe Gewänder gehüllt präsentieren sich die Titelaspirantinnen. Man weiß nicht, ob die Stirn vor Aufregung oder aufgrund des immensen Gewichts der Kostüme mit Schweißperlen besetzt ist, da allein der Kopfschmuck oftmals mehr als einen Meter empor ragt. Nach der grandiosen Schlußparade

Ob Mann oder Frau, wer weiß es genau...

Mitte und unten: Das »Begräbnis der Sardine« am Tag nach Faschingsdienstag ist ein Höhepunkt des Karnevals: Im Beisein der »Trauergäste« wird der Pappmaché-Fisch den Flammen geopfert.

am Faschingsdienstag folgt tags darauf das »Begräbnis der Sardine«: Die gesamte Karnevalsgesellschaft zieht als Trauerzug verkleidet hinter einem Pappmaché-Fisch her, der schließlich von schaurigen Klagegesängen begleitet in Flammen aufgeht. Nun lebt der Karneval für ein paar Tage noch einmal mit seiner ganzen Kraft auf, denn erst am darauffolgenden Sonntag, dem »Domingo de la Pineta«, ist endgültig Schluß mit dem bunten Treiben.

Spanische Tradition

Als die spanischen Konquistadoren die Kanarischen Inseln unterwarfen und christianisierten, brachten sie - wenngleich ungewollt - ihre alten Götter und heidnischen Gebräuche unter dem Deckmantel des Christentums mit. Besonders die Sitte des Karnevals wurde von der mit den Spaniern vermischten Urbevölkerung mit Begeisterung aufgenommen und viel unverfälschter weitergeführt als im Mutterland.
Im Gegensatz zu dem in Konventionen erstarrten Karneval auf dem europäischen Kontinent lodert die rasende Ekstase, Sinnlichkeit und mythische Verrücktheit, die seit jeher die Seele des Karnevals ausmacht, auf den Straßen Teneriffas mit ungezügeltem Elan. Nicht grundlos gilt der farbenfrohe kanarische Karneval, der sich am besten mit seinem südamerikanischen Vorbild vergleichen läßt, als absoluter Höhepunkt im alljährlichen Festkalender.

Auch in den kleinen Dörfern auf Fuerteventura werden die tollen Tage ausgiebig gefeiert.

Seite 40/41:
Encarna Melián
präsentiert sich im
Kostüm »Huracán«
zur Wahl der
Karnevalskönigin.

Farbenprächtige Umzüge in den Straßen von Santa Cruz de Tenerife. Dem Einfallsreichtum sind keine Grenzen gesetzt: Ana Noelia Martin Medina mit ihrer Kreation »Naturaleza Viva« (unten).

GRAN CANARIA

Ihren Namen erhielt die Insel – und dadurch der ganze Archipel – von dem römischen Naturforscher Plinius dem Älteren, der zwar die Inselgruppe in der antiken Tradition als »Insel der Seligen« bezeichnete, aber Gran Canaria wegen der zahlreichen, dort lebenden Hunde den Namen »Canaria« (Hundeinsel) gab. Tameran »Land der Tapferen« hieß Gran Canaria hingegen bei den alten Kanariern. Zu Recht, denn lange Zeit blieb es den Spaniern versagt, sich auf der Insel festzusetzen, der Widerstand war zu heftig. Erst 1478 gelang es Juan Rejón, seine Stellung für längere Zeit zu behaupten. Im gleichen Jahr gründete er die heutige Hauptstadt als Villa Real de las Palmas. Fünf Jahre später war die Inselbevölkerung vollständig unterworfen.

La Isla Redonda, die runde Insel, wird Gran Canaria ihres Grundrisses wegen genannt. Vor rund 13 Millionen Jahren entstand die Insel als ein einziger Schichtvulkan.

Brodelndes Chaos zwischen Hafen und Badestrand

Seit 1927 ist Las Palmas die Hauptstadt einer Provinz, zu der neben Gran Canaria auch Lanzarote und Fuerteventura gehören. Im Vergleich mit dem eher vornehmen und würdevollen Hauptort der Nachbarprovinz, Santa Cruz de Tenerife, erscheint Las Palmas als brodelnde Hafenstadt mit internationalem Flair. Schon vor 200 Jahren bezeichnete Alexander von Humboldt Las Palmas als »Karawanserei des Weltmeers«. Durch die lichterfüllten Straßen bummeln Matrosen aus fast allen Ländern der Welt auf der Suche nach dem mehr oder weniger kurzlebigen Vergnügen, bevor sie mit ihren Fischereiflotten wieder für Wochen oder gar Monate in See stechen, fliegende Händler aus Nordafrika bieten auf den Märkten und am Hafen ihre Waren feil. Am meisten Trubel herrscht in der Calle Mayor de Triana: Kaufhäuser, Banken und gediegene Geschäfte säumen die berühmte Geschäftsstraße, die sich abends in einen Boulevard der Eitelkeiten verwandelt.

Die Playa de las Alcaravaneras ist fest in einheimischer Hand; die Touristen schreckt die Nähe zum Hafen von Las Palmas.

Der größte Sohn von Las Palmas ist Benito Pérez Galdós, kurz «Galdós» genannt. Er gilt als einer der meistgelesenen und bedeutendsten Romanciers Spaniens. In dem Haus in der Calle de Cano, wo er 1843 geboren wurde, befindet sich ein kleines Museum.

Las Palmas hat zwar einen Hafen, aber kein richtiges Zentrum: Über dreizehn Kilometer hinweg erstreckt sich die Stadt von der Halbinsel La Isleta bis zum Altstadtbezirk von Vegueta. Dort, rund um das alte Rathaus, das

Seite 44/45: Der Yachthafen von Las Palmas de Gran Canaria. Seit der Zeit von Christoph Columbus sind die Kanaren wichtige Versorgungsbasis auf der Fahrt nach Amerika.

Columbus-Haus, den Bischofspalast und die Kathedrale Santa Ana – übrigens der einzige größere gotische Kirchenbau auf den Kanarischen Inseln – herrscht noch der Stil der Kolonialarchitektur vor. Stille Seitenstraßen, verwinkelte Gassen und hölzerne Balkone vermitteln ein Gefühl von Ruhe und Geborgenheit. Las Palmas hat das Glück, einen der schönsten Sandstrände am Atlantik direkt vor der Haustüre zu haben. Was für Rio de Janeiro die Copacabana, ist für Las Palmas die Playa de las Canteras: Ein harmonischer Gegenpol zur Hektik der Stadt. Da der Hafen mit seinen weit ins Meer greifenden Molen und der Strand von Las Canteras durch die Halbinsel La Isleta getrennt werden, verfügt der vier Kilometer lange und bis zu 30 Meter breite goldgelbe Sandstrand über eine hervorragende Wasserqualität; die vorgelagerten Felsenriffe Los Rompientes dienen als natürliche Wellenbrecher und erlauben ein gefahrloses Baden. Kein Wunder also, daß gleich hinter dem Strand zahlreiche Hotels zu finden sind.

Oben und Unten: Müßiggang ist Männersache: Siesta vor der Bar Perdomo; auf Fremde trifft man selten in El Risco.

Las Palmas ist als urbanes Zentrum auf den Kanarischen Inseln konkurrenzlos. In den Gassen und Straßen herrscht Tag für Tag das gleiche Chaos; es regiert die Anarchie. Die mehrfache Verdopplung der Einwohnerzahlen innerhalb eines Jahrhunderts haben die Stadtplaner nicht bewältigen können.

Wen interessiert schon eine Baugenehmigung?

Mehr als 425.000 Menschen wohnen derzeit in der bedeutendsten spanischen Hafenstadt, und sie genießen das Leben in vollen Zügen: In keiner anderen Stadt Spaniens gibt es im Verhältnis zur Einwohnerzahl mehr Restaurants, Cafés, Bars, Kneipen und Diskotheken. Weniger »dolce vita« als »high life« ist angesagt. Die Schattenseiten von Las Palmas sind jedoch nur schwer zu übersehen: Auf der Halbinsel Isleta ziehen sich die windschiefen Hütten der Ärmsten bis ans Meer, Taschendiebstahl, Prostitution und Drogen gehören zum Alltag. Die Aussicht auf Wohlstand und Reichtum hat zahlreiche Menschen dazu veranlaßt, ihre angestammten Dörfer zu verlassen. Für viele wurde Las Palmas zum Friedhof der unerfüllten Hoffnungen.

In Las Palmas wird die größte Meerwasserentsalzungsanlage der Welt betrieben. Täglich können bis zu 75.000 Kubikmeter Leitungswasser produziert werden – genug, um die Stadt von Regen und Grundwasser unabhängig zu machen.

Die Rede ist nicht vom Guanarteme Tenesor Semidan, dem Guanchenfürsten, der sich 1483 den Spaniern ergeben hatte, sondern vom »Conde« oder mit vollem Namen: Don Alejandro del Castillo y del Castillo, Bravo de Laguna, Conde de la Vega, Grande de Guadelupe.

Der letzte Inselkönig

Dem Grafen und seinem weitverzweigten Familienclan gehört fast der gesamte Süden von Gran Canaria. Bis 1960 war sogar der Zugang zu den Dünenlandschaften und Stränden für Unbefugte untersagt. Doch dann importierte der Graf vom spanischen Festland den wundersamen Segen des Massentourismus. Mit Hilfe deutscher und skandinavischer Architekten entstanden 1963 bei San Augustín die ersten Touristenunterkünfte, denen schnell weitere folgen sollten; dreiβig Jahre später verbrachten weit mehr als eineinhalb Millionen Sonnenhungrige die schönsten Tage des Jahres im Süden Gran Canarias.

Teror und Telde sind mit ihrem typisch altkanarischen Baustil zwei der reizvollsten Inselstädte. Hier haben sich noch zahlreiche alte Adelspaläste, geschnitzte Holzbalkone und wappengeschmückte Häuserfassaden erhalten.

Die absoluten Zentren des Massentourismus sind Maspalomas, Playa del Inglés und Puerto Rico. Von Anfang an stellten die Deutschen unter den Urlaubern das gröβte Kontingent; hier ist es nicht nötig, spanisch zu sprechen. Angesichts der riesigen Appartementanlagen, Hotelburgen und der überfüllten Strände mit Sonnengarantie scheiden sich die Geister: Für die einen sind sie der Inbegriff eines unbeschwerten Urlaubsvergnügens, andere möchten nicht einmal kostenlos hier wohnen. Massentourismus hin, Massentourismus her - es gibt jedoch einen guten Grund, weshalb man unbedingt den Süden der Insel aufsuchen sollte: Bei Maspalomas hat die Natur im Laufe der Zeit eine phantastische Dünenlandschaft aus herrlichem Saharasand geschaffen. Sandkorn für Sandkorn wurde in Tausenden von Jahren von den Südwestwinden hierher getragen. Sobald die Sonne tiefer sinkt, verwandeln sich die Wanderdünen in ein fein modelliertes Kunstwerk mit elegant geschwungenen Graten und sanften Kuhlen. Vor dem massenhaften Auftreten sonnenhungriger Nordeuropäer war hier ein Refugium für seltene Vögel und Insekten.

Grandioses Naturerlebnis: die Dünen von Maspalomas.

Das Zentrum von Gran Canaria wird vom zerklüfteten Bergland rund um den Pozo de las Nieves und der Caldera de Tejeda geprägt. Der Schriftsteller und Philosoph Miguel de

Unamuno y Jugo lobte 1909 den Blick vom Cruz de Tejeda in den höchsten Tönen: »Von steilen Pfaden an abrupten und jähen Klüften schauen wir auf das Tal von Tejeda. Der Anblick ist überwältigend: All diese schwarzen Mauern der großen Caldera mit ihren hoch aufragenden Felsen, mit Bergkämmen, die wie Zinnen wirken, erwecken den Eindruck einer dantesken Vision. Nichts anders können die Calderen des Infernos gewesen sein, die der Florentiner besuchte: Ein fürchterlicher Tumult der Eingeweide der Erde!»

»All dies gleicht einem versteinerten Ungewitter …«

Am südlichen Rand der Caldera steht auch das viel fotografierte Wahrzeichen der Insel: Der 1803 Meter hohe Roque Nublo, der »Wolkenfels«. Um fast 80 Meter überragt der wuchtige Monolith seine Umgebung. Ein Ehrfurcht gebietendes Relikt aus der Zeit, als die vulkanischen Kräfte im Inneren von Gran Canaria brodelten.

Den nötigen theoretischen Background zur Kultur der kanarischen Urbevölkerung kann man sich in dem 1879 gegründeten Museo Canario in Las Palmas aneignen. Das Museum ist das größte auf den Kanarischen Inseln.

In der mystischen Vorstellungswelt der Urbevölkerung kam dem steinernen Herz der Insel eine große Bedeutung zu: Am Roque Bentaiga errichteten sie eine Kultstätte. Die beeindruckendste Hinterlassenschaft der Urkanarier ist jedoch der Cenobio de Valerón im Osten von Gálcar. In den leicht zu bearbeitenden Tuffstein wurde ein großzügiges Höhlensystem mit mehreren Etagen gehauen, die durch Pfade und Treppen miteinander verbunden sind. Es ist bis heute unklar, ob es sich um eine Art Jungfrauenkloster oder ein großes Vorratslager handelte. Eine andere Höhle in der Umgebung von Gáldar, die Cueva Pintada, fasziniert durch geometrische Ornamente, mit denen die Wände verziert sind. Solche Wandmalereien sind nur auf Gran Canaria zu finden. In Artenara, dem mit 1251 Metern höchstgelegenen Dorf der Insel, leben die Bewohner hinter weiß getünchten Fassaden noch immer in den Höhlen ihrer Vorfahren. Die Höhlen sind der heilenden Vulkanstrahlung ausgesetzt und sorgen im Sommer für ein sehr angenehmes Klima. Sehenswert ist die in den Fels gehauene Höhlenkirche.

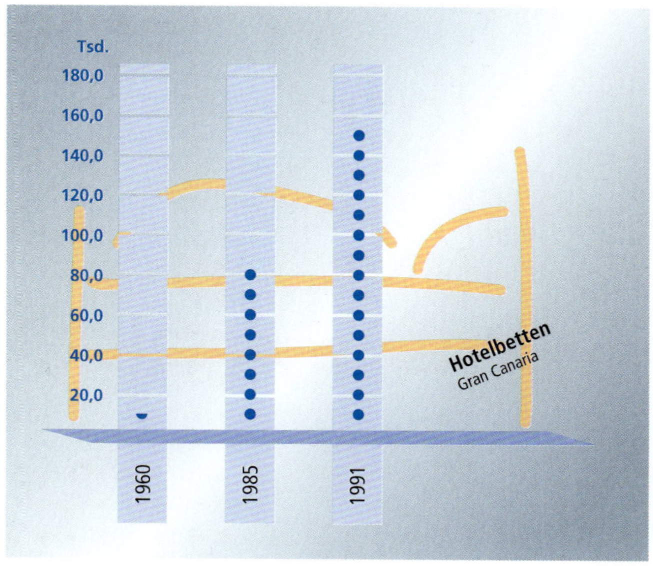

In den feuchten Tälern um Moya gedeihen Pflanzen selbst an den steilsten Felswänden.

Auch heute noch werden die fruchtbaren, sattgrünen Terrassenfelder im Zentrum von Gran Canaria landwirtschaftlich genutzt.

Am Roque de Bentaiga, dem heiligen Berg der Ureinwohner, sind unterhalb des Gipfels ein in den Fels gehauener Altar zu finden, sowie mehrere Höhlen in der Umgebung.

Die Blüte des Chinesischen Roseneibisch

Jedes Jahr Anfang September feiert man in San Nicolás de Tolentino das Fest des Teiches (El Charco). Ein Böllerschuß ist das Startsignal: Die Teilnehmer springen in einen schlammigen Tümpel und versuchen möglichst viele Fische zu erbeuten.

Beim El Charco sind keine Hilfsmittel zugelassen - nur mit den Händen werden die Fische, die Gemeine Meeräsche, gefangen.

El Risco de Agaete - nur nach starken Regenfällen führt der Barranco Wasser.

Casa de Colón in Las Palmas - hinter seiner reich verzierten Fassade befindet sich heute ein Museum mit Modellen der drei von Columbus für seine Fahrt nach "Westindien" benutzten Karavellen.

In einem fruchtbaren Tal an der Westküste Gran Canarias liegt das Dorf Agaeta mit seinen weiß gekalkten Häusern.

Eine kanarische Folkloregruppe beim Fest der Mandelblüte in Tejeda.

Die Dünen von Maspalomas, in der Nähe der Playa del Inglés, bieten einen eindrucksvollen Anblick - aus der Sahara stammt der Sand jedoch nicht, er ist marinen Ursprungs.

Liebste Beschäftigung nach Feierabend: Plausch auf dem Dorfplatz von El Risco de Ageate - gegenüber der Bar »Perdomo«.

Playa de las Alcaraveneras in Las Palmas de Gran Canaria.

Im kleinen Hafen von Puerto de las Nieves wird das alltägliche Bild noch immer von den Fischern und ihren Booten geprägt.

Seite 60/61:
Die Playa de las Canteras: der Hausstrand von Las Palmas de Gran Canaria

---

Orte mit einem kleinen Hafen bieten meist die Garantie, im Restaurant frischen Fisch und Schalentiere serviert zu bekommen.

SCHWARZ-GLÜHENDES LANZAROTE

Beim Anflug auf den Flughafen von Arrecife entfaltet der Zauber von Lanzarote erstmals seine Kraft. Matt schimmert das scheinbar vegetationslose Eiland in der Sonne. Die weißen Sprengel entpuppen sich allmählich als menschliche Behausungen und verdichten sich stellenweise zu Dörfern. Wenn das Charterflugzeug in einem weitausholenden Bogen zur Landung ansetzt, wird man des ovalen und rechteckigen Blau der Schwimmingpools im nahen Ferienzentrum Puerto del Carmen gewahr.

Lanzarotes Hauptstadt Arrecife ist der drittgrößte Fischereihafen der Kanarischen Inseln. Aufgrund der reichen Fanggründe der nahen Sahara-Bank werden nirgendwo mehr Sardinen gefangen als von den Fischern Lanzarotes.

Die »schwarze Perle im Atlantik«

Lanzarote ist eine archaische, aus Feuer und Wasser geborene Insel. Noch immer ist die Erdhitze an einigen Stellen so stark, daß sie sich unter den Schuhsohlen unangenehm bemerkbar macht. Im Restaurant des Nationalparks Timanfaya werden gar Hähnchenschenkel, Fleischspieße und Fisch über einer Felsspalte in einem demonstrativen Spektakel auf dem Vulkangrill zubereitet. Wie ein Damoklesschwert schwebt über Lanzarote die Frage, wie lange die unter der Erdoberfläche schlummernden Kräfte noch ruhen werden. Die letzte Vulkantätigkeit datiert ins Jahr 1824. Damals war das Inferno von Rauch und Feuer, herausgeschleuderten glühenden Gesteinsklumpen und zähflüssigem Magma vergleichsweise harmlos, nur über eine Fläche von drei Quadratkilometern ergossen sich die Lavaströme, die noch vor der Ortschaft Mancha Blanca wie durch ein Wunder zum Stillstand kamen. Überglücklich errichteten die verschont gebliebenen Bewohner die Kirche Eremita Nuestra Señora de los Volcanes, wußten sie doch noch vom Hörensagen, zu welch katastrophalen Folgen die drei Generationen zurückliegenden Vulkanausbrüche geführt hatten. Sechs Jahre lang, von 1730 bis 1736, war es im Westen der Insel zu wiederholten Eruptionen gekommen, dabei wurde die Kornkammer Lanzarotes zusammen mit elf Dörfern unter einer gewaltigen Lavaschicht begraben. Nur die in allen Erdfarben schimmernden Feuerberge (Montañas del Fuego), wie die bizarren Vulkane genannt werden, ragen aus dem Lavameer (Mar de Lava) empor. Die Farbnuancen der Hänge leuchten stellenweise rostrot

Der Peñas del Chache im Famara-Massiv ist mit 671 Metern die höchste Erhebung der Insel. Besteigen kann man ihn nicht, da hier eine Militärstation den Luftraum über Lanzarote kontrolliert.

Mit schwarzer Lapilli bedeckte Terrassenfelder, dazwischen weiß getünchte Häuser – unverkennbar Lanzarote.

Seite 62/63: Auf Lanzarote wurde der vulkanische Trockenfeldanbau erfunden. Die Felder sind von einer Lapillischicht (kleine Lavasteinchen) bedeckt, die Tau und Regenwasser speichert.

und ockerfarben, dann wieder kupferbraun, andernorts herrschen violette oder hellgraue Töne vor. Nicht von ungefähr erinnern die unregelmäßigen, von metertiefen Spalten zerrissenen Krümmungen der scharfkantigen Lava an eine Mondlandschaft: Die Mondfahrzeuge der US-Astronauten wurden vor den Apollo-Flügen hier getestet.

Oben:
César Manrique initiierte die Rückbesinnung auf die traditionellen Farben weiß und grün.

Unten:
Wie auf einem anderen Planeten: Skurrile Vulkanlandschaft im Abendlicht.

Wenige Kilometer südlich des vegetationsarmen Nationalparks wird die Vulkanlandschaft auf einmal wohltuend lebendig, hier und da rekeln sich gar Palmen empor. Die Bauern machten aus ihrer Not eine Tugend: Sie gruben bis zu zwei Meter tiefe, runde oder halbkreisförmige Vertiefungen, legten den fruchtbaren Boden frei und bedeckten ihn mit kleinen Lavasteinchen, sogenannter Lapilli. Die zehn Zentimeter tiefe Lapillischicht vollbringt wahre Wunder: Sie absorbiert die nächtliche Feuchtigkeit und mindert die Verdunstung, so daß in der an sich staubtrockenen Region Feigen, Aprikosen, Orangen und Äpfel gedeihen. Rund um das Dorf La Geria entstand dadurch ein unvergleichliches Weinbaugebiet, das Augen und Geschmacksnerven gleichermaßen zu betören weiß.

Die Salinas de Janubio an der Westküste der Insel ist eine der größten Wasserverdunstungsanlagen Spaniens. Knapp 2000 Tonnen Tafelsalz werden alljährlich produziert.

César Manrique

Wie kein anderer hat das Universalgenie César Manrique der Insel seinen Stempel aufgedrückt, sie geprägt und verhindert, daß sie vom Tourismus überrollt wird. Lanzarote hat seine Identität bewahrt, auch wenn die Menschen in die entlegensten Winkel vorgedrungen sind. Auf der Insel gibt es dank Manrique fast keine Hotelburgen, sondern Ferienanlagen, die im Einklang mit der Natur stehen und sich an der ländlich-traditionellen Bauweise orientieren. Der 1992 bei einem Autounfall ums Leben gekommene César Manrique war Maler, Bildhauer und Architekt. In den letzten 25 Jahren seines Lebens hat er Lanzarote mit einem wahren Netz von Bau-, oder besser: Kunstwerken, überzogen. Eine Inselrundfahrt ist eine Pilgerfahrt auf César Manriques Spuren. Die Lavahöhle Jameos del Agua, der Kakteengarten (Jardin de Cactus), das Restaurant Mirador del Río, das Kunstmuseum im Kastell San José, hinter all dem steht Manrique, Manrique, Manrique...

Links:
Die Ortschaft Yaiza mit ihrer inseltypischen Architektur.

Rechts:
Die Windmühle über dem Jardín de Cactus ist das letzte große Werk von César Manrique.

Links:
Der Metallkaktus weist den Weg zum Jardín de Cactus.

Rechts:
Die alte Inselhauptstadt Teguise erinnert an eine andalusische Stadt.

Seite 66:
Nachdem die Bewohner von Mancha Blanca von den Lavaströmen verschont geblieben waren, errichteten sie die Kirche Eremita Nuestra Señora de los Vulcanes.

*Seite 68/69:
Mit steter Kraft schlagen die Wellen des Atlantiks an die Westküste Lanzarotes. Bei El Golfo legt die Brandung das Innere eines Vulkankraters frei.*

Die Dämmerung senkt sich über Yaiza. Die weiß-grünen Häuser sind typisch für das Erscheinungsbild der Insel.

Sonnenaufgang über einer archaischen Landschaft: Die Montañas del Fuego (Feuerberge) im National-park Timanfaya.

Die Grotte Los Jameos del Augua, ein Tropengarten und Konzertsaal im Vulkantunnel, die vielleicht schönste Schöpfung von César Manrique.

Die kunstvoll aufgeschichteten Trichter schützen die Weinstöcke vor den über die Insel wehenden Passatwinden.

La Geria ist das Zentrum des Weinanbaus auf Lanzarote.

Auf den von der Sonne aufgeheizten Lavafeldern gedeihen verschiedene Aeonium-Arten.

Die Farbnuancen der Montañas del Fuego (Feuerberge) reichen von Ockertönen über rostrot bis hin zu kupferbraun. Ein Drittel der Insel wurde bei den Vulkanausbrüchen von 1730 bis 1736 von den Lavamassen begraben - längst stehen hier wieder Häuser.

Landwirtschaft wird an manchen Orten seit Jahrhunderten mit unveränderten Anbaumethoden betrieben.

Zwiebelernte auf Lanzarote.

FUERTEVENTURA – EIN HAUCH VON AFRIKA

Q ue fuerte ventura!« (Welch ein großes Abenteuer!), soll der normannische Eroberer Jean de Béthencourt im Jahre 1402 bei den Kämpfen um die zweitgrößte Kanarische Insel ausgerufen haben. Doch muß Fuerteventura seinen Name schon früher erhalten haben, wie Seekarten des 14. Jahrhunderts überzeugend dokumentieren. Wie dem auch sei, durch Béthencourt wurde die Insel Teil der abendländischen Zivilisation.

Mehr als ein staubtrockenes Eiland

Lediglich ein wenig mehr als 600 Meter ragen die meisten Erhebungen der Insel aus dem Meer empor - nicht genug, um die vom Passat getriebenen Wolken zu ausreichenden Niederschlägen zu zwingen. Nur an wenigen Tagen im Jahr regnet es, und das auch nur in bescheidenem Ausmaß. Mit jährlich rund 200 Millimetern Niederschlag pro Quadratmeter ist Fuerteventura die trockenste Insel des Kanarischen Archipels. Doch nach einem Regenguß sprießt für kurze Zeit frisches Grün aus dem dürren Boden. Die Nähe Afrikas macht sich zudem durch feine Sandwolken und hohe Temperaturen bemerkbar. Jahrhundertelang litt die Bevölkerung unter der Wasserarmut, heute schaffen Meerwasserentsalzungsanlagen Abhilfe.

Mehr als 55 Küstenkilometer sind mit Sand bedeckt. Mehr Sandstrände als Fuerteventura hat keine andere Kanarische Insel zu bieten.

Saharasand so weit das Auge reicht.

Fuerteventura besitzt Sonnenscheingarantie! Kamen 1967 nur 1105 Gäste auf die Insel, so sind es mittlerweile rund 500 000 Touristen, vorwiegend aus Deutschland, die an den Stränden Fuerteventuras vom unbeschwerten Inselglück träumen. Wer an einem Kultururlaub interessiert ist, wählt ohnehin eine andere Insel, denn abgesehen von dem den zeitgenössischen kanarischen Malern gewidmeten Centro de Arte Canario in La Olivia, einem kleinen Museum für religiöse Kultgegenstände in Pájara und Betancuria, dem historischen Zentrum Fuerteventuras, hat die Insel so gut wie keine kulturellen Sehenswürdigkeiten zu bieten. Keine andere kanarische Insel kann hingegen mit so schönen und einsamen Sandstrände aufwarten. An der Ostküste Fuerteventuras schmiegen sich schier endlose sonnendurchflutete Dünenlandschaften an das Meer, smaragdgrüne Fluten plätschern

Nur 40.000 Menschen leben auf Fuerteventura; die Hälfte davon in der Hauptstadt Puerto del Rosario.

Seite 76/77: Die schier endlose Dünenlandschaft von Corralejo reicht bis weit ins Landesinnere und überdeckt die Lavafelder der Montaña Encantada. Die Sandstrände von Fuerteventura zählen zu den schönsten der Kanarischen Inseln

über den goldgelben Sandstrand. Im Norden, bei Corralejo, und auf der Halbinsel Jandia, im Süden, schossen in wenigen Jahren große Ferienzentren und Clubdörfer regelrecht aus dem Boden. In Castillo de Fustes hat man sogar alte Festungsanlagen in ein modernes Feriendorf einbezogen. Der für die herrlichen Dünenlandschaften verantwortliche Saharawind sorgt zudem für ideale Bedingungen zum Surfen.

Gutgelaunt und traditionsbewußt geben sich die Mädchen in ihrer kanarischen Tracht beim Fest der Mandelblüte in Tejeda.

Mit ihren Palmen, Feigen-, Nuß- und Mandelbäumen erinnert die Vega de Rlo de las Palmas an eine Oase in der Wüste.

Ein Lob auf die Monotonie

Im Inselinneren lockt eine asketisch anmutende Landschaft voll karger Ursprünglichkeit. Eine dünnbesiedelte weitläufige Ebene erstreckt sich zwischen dem buckeligen Mittelgebirge und dem Meer. Nur selten wird die pastellfarbene Monotonie durch das Grün einer Oase oder das Weiß der Häuser aufgelockert. Man muß die melancholische Stimmung auf sich wirken lassen, um sie als wohltuend zu empfinden; allzu sensible Gemüter leiden unter einem Anflug von Tristesse. Der dürre Boden gibt wenig her, gerade genug für die Ziegenherden, die Puerto del Rosario einst den Namen gaben. Bis 1956 hieß der Hauptort der Insel nämlich noch Puerto de Cabras. Aber wer wohnt schon gerne in einem »Ziegenhafen«?

Fuerteventura erschien dem spanischen Diktator Primo de Rivera als trostlos und abgelegen genug, um die anarchistischen Oppositionsführer hierher zu verbannen. Unter den Verbannten war auch der Dichter und Philosoph Miguel de Unamuno y Jugo, an den nordwestlich von Puerto del Rosario ein Denkmal erinnert. Seinem Schicksal zum Trotz konnte sich der gebürtige Baske an diesem Eiland erfreuen: »Dieses Skelett aus Erde, felsiger Eingeweide, die aus der Tiefe des Meeres emporsteigen, Vulkanruinen; dieses rötliche, vom Dunst gepeinigte Gerippe! Und doch welche Schönheit! Ja Schönheit! Sichtbar für den, der das innere Geheimnis der Form zu suchen versteht, die Essenz des Stils in den klaren Linien des Skeletts; für den, der in einem kahlen Totenschädel die Schönheit eines Kopfes zu entdecken weiß.«

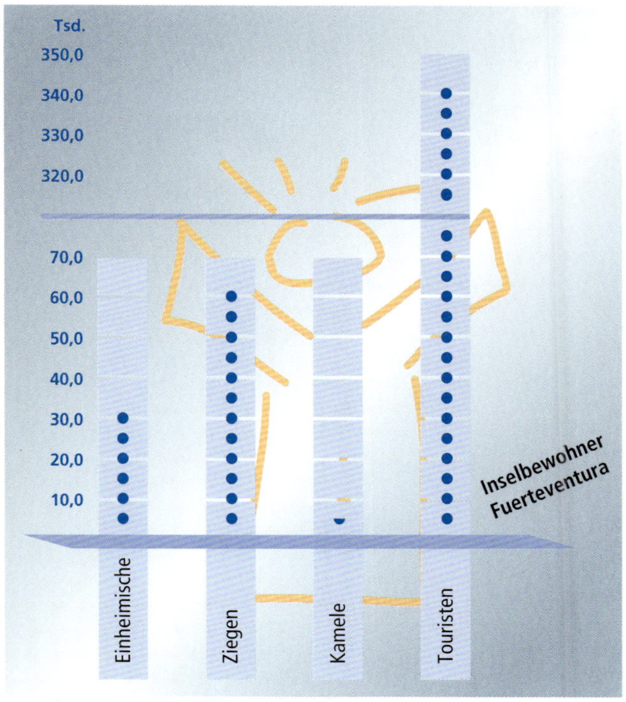

Im Süden
von Betancuria liegt
Vega de Río Palmas,
eine grüne Palmenoase
mit Gemüse- und
Kartoffelfeldern.

Mit der steten Kraft der Passatwinde wurden zahlreiche Windmühlen auf Fuerteventura angetrieben. Die Molina in Valles de Ortega ist ein Kuriosum: Durch eine besondere Konstruktion werden in ihrem Inneren gleichzeitig zwei mechanische Systeme angetrieben.

Die einzigartige Landschaft der weißen Sanddünen von Corralejo erhielt den Status eines Naturparks.

Die Halbinsel Jandía ist berühmt für ihre Sandstrände. Die Playa de Sotavento ist rund 20 Kilometer lang.

In der Gezeitenzone finden Algen Halt an einer alten Treppe.

Das Dorf Antigua, eines der ältesten auf Fuerteventuras, war für kurze Zeit Hauptstadt der Insel.

Der Küstenabschnitt bei El Cotillo trozt den Wogen des Atlantiks.

Seite 84:
Eine Fratze im Dämmerlicht - Lavaformation in der Bucht von Ajuy.

Die ehemalige Inselhauptstadt Betancuria - der Name erinnert an den normannischen Eroberer - hat noch das Flair altkanarischer Städte bewahrt. Die Iglesia Santa Maria de Betancuria wurde 1424 als erste Kathedrale der Kanaren errichtet.

Gomera – die Insel des Alternativtourismus

Eine Insel, die nur mit dem Schiff zu erreichen ist, strahlt eine ungleich höhere Anziehungskraft aus; sie vermittelt ein Gefühl der Ruhe und Abgeschiedenheit, stillt die Sehnsucht nach einem irdischen Paradies. Doch sobald sich Landepisten auf ihrem Rücken breit machen, verkürzt sich die Reisezeit drastisch, gerade so, als ob die Insel über Nacht der Zivilisation ein paar tausend Kilometer näher gekommen wäre. Auch Gomera wird dieses »Schicksal« bald ereilen: Im Laufe des Jahres 1996 soll der seit mehreren Jahren geplante Flughafen nun doch eröffnet werden, den Protesten der Umweltschützer zum Trotz. Der Geldmangel der Kanarischen Regionalregierung konnte beseitigt werden: Die staatliche Flughafenverwaltung Spaniens hat die fehlenden Gelder zur Verfügung gestellt. Damit erhält nun auch Gomera als letzte Insel des Archipels einen Flughafen. Bleiben wird die Schiffsverbindung: Dreimal täglich setzt die Ferry Gomera von Los Cristianos auf Teneriffa nach Gomera über, einmal mehr das Tragflügelboot Barracuda. Die Inselhauptstadt San Sebastián ist zugleich der Haupthafen Gomeras. Von der Hafenmole aus streben die Touristen der Plaza de la América zu, besteigen den Bus oder das Taxi und verteilen sich über die Insel, zumeist in Richtung Valle Gran Rey, ins »Tal des großen Königs«.

»Mit diesem Wasser wurde Amerika getauft«

In San Sebastián hat auch Christoph Columbus ein letztes Mal Station gemacht; er nahm Proviant und Holz an Bord und ergänzte seine Süßwasservorräte, bevor er sich aufmachte, einen neuen Seeweg nach Indien zu erkunden. Am Brunnen im Innenhof des alten Zollhauses an der Plaza de la Constitución kündet stolz eine Tafel: »Mit diesem Wasser wurde Amerika getauft«. Fast vier Wochen, vom 12. August bis zum 6. September, blieb Columbus hier; angeblich weil es ihm so schwer gefallen sein soll, sich aus den Armen der schönen Inselherrin Beatriz de Bobadilla zu lösen.

Über 100.000 Dattelpalmen soll es auf Gomera geben. Beliebt sind sie vor allem wegen des »guarapo«, wie man den Palmenhonig hier nennt.

Landschaftlich ist Gomera eine Insel der Gegensätze. Beim Fischerdorf Playa de Santiago im kargen und trockenen Süden ist auch im Winter Sonne und Wärme garantiert, Kakteen, Agaven und das Wolfsmilchgewächs Tabaiba säumen die Straßen. Doch je höher sich die Serpentinen ins Inselinnere emporschlängeln, desto grüner und dichter wird die Vegetation.

Seite 86/87: Die kleinen aromatischen Bananen – »grünes Gold« oder Gefahr für den Wasserhaushalt Gomeras?

Die Krönung ist der immergrüne Lorbeerwald, der Bosque El Cedro, ein vom Passat genährter subtropischer Urwald. Im Unterholz wachsen mannshohe Farne, die dicken Stämme sind moosbedeckt und von den Ästen des Erikabaums hängen lange Flechten herab. Seit 1981 wurde das in Nebelschwaden gehüllte zentrale Hochland zum Nationalpark Garajonay erklärt, um den einzigartigen Lorbeerwald der Nachwelt zu erhalten. Von der Inselmitte aus bahnen sich die Haupttäler ihren Weg zur Küste. Diese tiefeingeschnittenen »Barrancos« werden von bis zu 1000 Meter hohen Bergrücken getrennt. Daneben gibt es noch zahlreiche kleinere »Barrancos«, deren Schönheit sich nur dem Wanderer erschließt. Es nimmt nicht wunder, daß die Gomeros die Pfeifsprache El Silbo erfanden, denn der Weg zum nächsten Tal ist mit allzu großen Mühen verbunden.

Im Jahre 1986 wurde ein Teil Gomeras, der Lorbeerwald im Nationalpark Garajonay, von der UNESCO zum Erbe der Menschheit erklärt.

Ein Paradies für Katzen.

Ein paradiesisches Tal

Das zwischen gewaltigen Felswänden eingebettete Valle Gran Rey kommt mit seinen Tausenden von Palmen, den Terrassenfeldern, Bananenplantagen und verstreuten Dörfern der Vorstellung vom Paradies sehr nahe. Als erste waren die Hippies und Alternativtouristen der Faszination des Tales erlegen. Sie waren es auch, die das Nacktbaden an der Playa del Inglés einführten. In den achtziger Jahren, vor allem in der Zeit nach Tschernobyl, schien es dann fast so, als hätten im Valle Gran Rey nur die Mütter eines Kleinkindes eine Aufenthaltsberechtigung. Egal ob am »Baby-Beach«, am Hafen, im Restaurant - überall jauchzende Kinder mit glücklichen Müttern, schreiende Kinder mit entnervten Müttern: ein überdimensionaler Kinderladen. Bis heute ist das »Valle« fest in der Hand der Alternativtouristen, wenngleich - wie so oft auf der Welt - die Pauschaltouristen allmählich an deren Seite treten. Doch noch immer herrscht im »Valle« und in anderen Teilen Gomeras ein ganz anderes Flair als auf Teneriffa oder Gran Canaria.

Valle Gran Rey - noch immer werden die Terassenfelder bewirtschaftet.

Das kleine, von hohen Felswänden umschlossene Städtchen Agulo ist einer der schönsten Orte auf Gomera - enge Straßen mit Kopfsteinpflaster und alte weiße Steinhäuser prägen das Bild.

Der 1243 Meter hohe Tafelberg Fortaleza de Chipude im Südosten Gomeras mit seiner charakteristischen Silhouette.

Links:
Roque Agando (1250 Meter) - der Felsendom ist ein durch Erosion freigelegter Vulkanschlot.

Rechts:
Vallehermoso - von Bergen, verstreuten Palmenhainen und ausgedehnten Bananenplantagen umgeben.

Links:
Terrassen schützen die Felder vor der gefürchteten Erosion im Valle Gran Rey.

Rechts:
Ein wuchtiger Basaltfels überragt die karge Landschaft südlich von Ayamosna.

Seite 93:
Das Valle Gran Rey ist eines der schönsten Täler der Kanaren.

Mit der Ankunft einiger »Alternativtouristen« in den sechziger Jahren begann der Aufstieg des Valle Gran Rey zum Touristenzentrum Gomeras.

Ein Palmenhain bei Tamargada - Gomera hat einen Bestand von über 100.000 Palmen.

Rechts unten: Das Vallehermoso, das schöne Tal, ist von drei Seiten mit Regenwald umgehen.

Die Fruchtstände der kanarischen Dattelpalmen - wie die Palmen selbst - heißen Támaras.

Das zentrale Hochland Gomeras wurde 1981 zum Nationalpark Garajonay erklärt und fünf Jahre später von der UNESCO in die Liste der Kulturgüter der Menschheit aufgenommen.

Bis zu 2500 Liter Kondenswasser entziehen die Lorbeerbäume jährlich den Passatwolken.

Mit *fast*
4000 Hektar nimmt der Nationalpark Garajonay ein Zehntel der Inselfläche ein.

Der Bosque El Cedro, ein vom Passat genährter subtropischer Regenwald, bildet das Herzstück des Nationalparks.

LA PALMA – DER GRÜNE KRATER

Wie ein Faustkeil liegt La Palma im Atlantik. Weitaus interessanter als ihr Grundriß ist jedoch das Relief der Insel. Die Oberflächenstruktur La Palmas wird von einem gewaltigen, hufeisenförmigen Einsturz- beziehungsweise Erosionskessel bestimmt: Die Caldera de Taburiente ist einer der größten Erosionskrater der Welt. An seinem nördlichen Rand ragt der Krater am Roque de los Muchachos 2426 Meter in die Höhe. Mehrere hundert Meter stürzen sich die steilen Hänge der Calderawand eindrucksvoll in den gewaltigen Kessel hinab, der sich im Südwesten zum Barranco de las Angustias öffnet. Bereits 1954 wurde die Caldera - Spötter nennen sie die Backform des Teide - zum Nationalpark erklärt. Im westlichen Teil des bewaldeten Talkessels erhebt sich der Roque Idafe, ein Basaltmonolith. In der Mythologie der Ureinwohner kam der Felsnadel eine zentrale Bedeutung zu: Wurde ein Tier geschlachtet, so mußten die Innereien beim Idafe geopfert werden. Von der Caldera bis fast zur Südspitze wird La Palma von einem zentralen Bergrücken, der Cumbre Nueva, die sich in der Cumbre Vieja fortsetzt, durchzogen. Diesem Bergrücken verdankt die Insel ihre üppig wuchernde Pflanzenwelt. Beständig treibt der Passat dichte Wolkenbänke heran, die sich an dieser Wetterscheide abregnen und den Osten in einen sattgrünen, fruchtbaren Garten Eden verwandeln, während die Westküste karg und trocken in der Sonne glänzt.

Der alte, noch unversehrte Ortskern von El Paso ist reich an phantasievollem Fassadenschmuck.

Dank des gleichmäßigen feuchtwarmen Klimas wurde die Banane, das »grüne Gold« von La Palma, schnell heimisch.

La Palma ist die niederschlagsreichste Insel des Archipels. In den höheren Lagen im Nordosten fallen mehr als 1000 Millimeter Regen pro Jahr.

Was kommt nach der Bananenrepublik?

Glücklich können sich diejenigen Palmeros schätzen, die frühzeitig ihren Bananenplantagen den Rücken gekehrt und auf andere landwirtschaftliche Produkte (Avocados und Ananas) oder neue Erwerbszweige gesetzt haben. Denn die Vergünstigungen der Europäischen Union für die kanarischen Bananen, die früher gar bis zu 98 Prozent des Agrarexports von La Palma ausmachten, werden 1996 aufgehoben. Ab dann müssen die kanarischen Bananen auch in Spanien mit den lateinamerikanischen um Marktanteile buhlen. Die kanarischen Zwergbananen sind zwar schmackhafter, aber kleiner, optisch weniger ansprechend und nicht zuletzt erheblich teurer, so daß mit einschneidenden Absatzeinbußen gerechnet werden muß. Schon einmal war La Palma mit ähnlichen Problemen konfrontiert. Die Insel glich damals einem riesigen Zuckerrohrfeld. Doch als die Pflanze in der Neuen Welt heimisch wurde, konnte der palmerische Zucker auf dem Weltmarkt nicht mehr

Seite 98/99: Salz aus dem Meer. Salinen in der Nähe von Fuencaliente. Die Nachfrage ist gesunken, da der Fisch heutzutage nicht mehr eingesalzen, sondern eingefroren wird.

konkurrieren. Zwar haben die Palermos den Tourismus seit rund zehn Jahren als neue Erwerbsquelle entdeckt, doch sind dem Wachstum natürliche Grenzen gesetzt. Die wenigen kleinen schwarzsandigen Buchten eignen sich nicht als Badeparadies, Hotelkomplexe gibt es daher kaum. Es sind bislang vor allem naturverbundene Touristen, die »La Isla bonita« (die schöne Insel), wie La Palma auch genannt wird, erkunden. Doch auch rund 150.000 Touristen im Jahr verheißen noch lange keine goldenen Zeiten: Nach wie vor gehört Arbeitslosigkeit zum alltäglichen Schicksal. Mehr als ein Fünftel der Palmeros ist derzeit ohne Arbeit, und kein gelobtes Land ist in Sicht wie in früheren Zeiten. Von keiner anderen Kanarischen Insel sind nämlich mehr Menschen nach Südamerika ausgewandert. Bis weit über die Mitte des 20. Jahrhunderts gingen die Palmeros zu Tausenden nach Kuba und Venezuela.

Kurioser Dachfirst in Santa Cruz de la Palma.

Der Himmel über La Palma ist extrem klar und die Nacht tiefschwarz. Ideale Bedingungen für die Beobachtung der Sterne, weswegen hier auch das größte Observatorium der nördlichen Hemisphäre errichtet wurde.

La Palmas schönstes Fest

Wenn im fünfjährigen Turnus (das nächste Mal im Jahr 2000) die »Bajada de la Virgen de las Nieves« in der Inselmetropole Santa Cruz gefeiert wird, nehmen die Emigranten dies zum Anlaß, ihre Familienbande aufleben zu lassen. Mehrere Wochen ziehen sich die Feierlichkeiten hin, die ganze Insel steht kopf. Der eigentliche Höhepunkt der Festwochen ist die Überführung der Statue der »Jungfrau vom Schnee« von der ein paar Kilometer landeinwärts gelegenen Wallfahrtskapelle Las Nieves in die Kirche El Salvador. El Salvador liegt im Zentrum von Santa Cruz, einer der schönsten Städte des Kanarischen Archipels. Holzgeschnitzte Balkone, schattige Innenhöfe und prächtige Stadtpaläste bilden eine herrliche Kulisse für das bunte Treiben auf den Märkten und Straßencafés.

Wertvolle Votivtafeln schmücken das Innere der Wallfahrtskirche Santuario de Nuestra Señora de las Nieves. Das Gnadenbild mit dem Altar steht im Zentrum der heiligen Stätte.

Links oben:
Eine alte Windmühle bei Garafia.

Rechts oben:
Pinien auf der markanten Felsnase des Roque del Huso.

Links Mitte:
Rätselhafte Spiralgravierungen der Ureinwohner bei Fuente de la Zarza. Vergleichbare Felsritzungen sind aus Irland, der Bretagne und Nordafrika bekannt.

Rechts Mitte:
Caldera de Taburiente: einer der größten Krater der Welt.

Links unten:
Bei langanhaltender Trockenheit färben sich die Blätter der Greenovia aurea rosa.

Rechts unten:
Der Pico de las Nieves - der 2230 Meter hohe »Schneegipfel« - gehört zu den höchsten Erhebungen der Caldera.

Seite 102:
Vom Mirador de las Chocas bietet sich ein atemberaubender Blick auf die Caldera de Taburiente. Bis zu 2000 Meter ragen die Kraterwände empor.

EL AGUILA

Santa Cruz de La Palma, 1493 gegründet, entwickelte sich bald zu einer reichen Handelsmetrole und wurde beliebtes Ziel von Piraten.

Die Fischer von Punta de Fuencaliente ziehen ihr Boot ans Ufer.

Fenster zum Kosmos: Observatorium am Roque de Los Muchachos.

Weitblick: Der 3718 Meter hohe Gipfel des Teide auf Teneriffa ist von allen umliegenden Inseln zu sehen.

EL HIERRO – DAS ENDE DER WELT

Punta de Orchilla, das letzte sichtbare Zeichen der europäischen Welt«, schrieb Christoph Columbus am 3. Oktober 1493 auf seiner zweiten Amerikareise in sein Bordbuch, als er an El Hierro vorbeisegelte. Ein Jahr zuvor war es ihm vergönnt gewesen, den abendländischen Horizont um ein paar tausend Meilen nach Westen zu erweitern. Der Mathematiker, Astronom und Geograph Claudius Ptolemäus hatte im zweiten Jahrhundert unserer Zeitrechnung den Nullmeridian - er wurde erst 1883 ins englische Greenwich verlegt - durch das Westkap der Insel, die Punta de Orchilla, gelegt. Seitdem verkörperte El Hierro das Ende der Welt; irgendwo hinter Hierro, davon waren noch die Menschen im späten Mittelalter überzeugt, mußte der Atlantik in einen tiefen Schlund hinunterstürzen und alle Schiffe mit ihm.

La tranquilidad

Nur wenige Touristen kommen alljährlich auf der Suche nach Ruhe und Einsamkeit auf die kleinste der sieben großen Kanarischen Inseln. Wer »la tranquilidad«, die Ruhe, liebt, findet auf Hierro seinen inneren Frieden. Und diesen findet man nach wie vor nicht im Zentrum des Geschehens, sondern am Ende der Welt. Für den Diktator Franco schien die Insel wegen ihrer weltabgewandten Lage als Verbannungsort für unangenehme Oppositionelle geradezu prädestiniert. Unter den Verbannten befanden sich unter anderem der Schriftsteller und Arzt Miguel de Espinosa sowie der Ex-Minister Inigio Cavera. Der eine oder andere Tourist mag sich auch schon als Verbannter gefühlt haben. Wenn der Wind zu stark über die Insel braust, geht ein paar Tage lang nichts mehr, keine Fähre und keine Flugverbindung.

Naive Wandmalerei am Kap Punta de los Palos – in der Nähe sprudeln radioaktive Heilquellen aus dem vulkanischen Boden.

Das eher unscheinbare El Hierro ist in gewisser Hinsicht auch eine Insel der Superlative. El Hierro ist nicht nur die südlichste und westlichste Insel des Archipels, sondern zugleich die jüngste, am dünnsten besiedelte und weitaus ärmste. Nicht genug: Wer durch den schönsten Pinienwald der Kanaren streifen will, muß ebenfalls nach El Hierro kommen. Zudem stammen aus Hierro bekanntlich die besten Luchadores. Schon von frühester Jugend an proben die Herreños ihre Kraft im Lucha Canaria, dem Kanarischen

Dem Naturschutz gehört die Zukunft. Mehr als die Hälfte der 278 Quadratkilometer großen Insel ist inzwischen als Naturschutzgebiet ausgewiesen.

Seite 108/109: Eine imposante Kulisse umgibt den Glockenturm von Frontera; er steht auf einem Vulkanhügel über dem Ort. In den unzugänglichen Felswänden lebt die seltene Hierro-Rieseneidechse.

Ringkampf. Wer zweimal den Boden mit einem anderen Körperteil als den Füßen berührt hat, verläßt die Kampfstätte als Verlierer. Vor dem Mirador de la Peña an der Nordküste liegen die Roques de Salmor im Meer. Auf den kleinen Felsen lebten einst die Largatos Gigantes, eine nahezu ausgestorbene Rieseneidechsenart, die heute nur noch in den Felswänden oberhalb der Punta Grande anzutreffen ist. Die Roques de Salmor markieren den östlichen Teil von El Golfo. Dieser halbrunde mächtige Rand eines im Meer versunkenen Vulkankraters riesigen Ausmaßes ist ohne Frage die landschaftlich reizvollste Region der Insel. Zudem liegen in der Bucht die fruchtbarsten Böden Hierros. Der schönste Blick auf El Golfo eröffnet sich übrigens vom Mirador de Jinama.

Auf El Hierro setzen zumeist die Gotteshäuser – hier in Mocanal – optische Akzente.

Die Virgen de los Reyes ist die Schutzpatronin der Insel. Ihr zu Ehren wird alle vier Jahre die Prozession Bajada de la Virgen veranstaltet. Von altkanarischen Klängen begleitet, bitten die Herreños um Regen und Fruchtbarkeit.

Wasser ist Leben

»¡No malgasta el aqua y energías!« - Verschwende kein Wasser und keine Energie! Der maßvolle Umgang mit den lebenswichtigen Ressourcen wird überall auf der Insel angemahnt, denn bis heute ist die Wasserversorgung ein großes Problem der Bewohner geblieben. Zwar fällt auf El Hierro - im Vergleich mit Lanzarote und Fuerteventura - relativ viel Regen, doch versickert das meiste im wasserdurchlässigen Vulkangestein. Regenwasserzisternen prägen überall das Bild. Bis heute gibt es nur eine nennenswerte Quelle auf Hierro; und diese gilt als heilkräftig. Um den Wasserbedarf, auch für die Landwirtschaft zu decken, wurden tiefe Brunnen gebohrt - mit fatalen Folgen für den Grundwasserspiegel. Es verwundert kaum, daß wiederholte Dürreperioden zahlreiche Herreños zur Auswanderung zwangen. Nur rund 7.500 Einwohner zählt die Insel derzeit, weit mehr als doppelt so viele sind ausgewandert. Aus der Wasserarmut speist sich auch der Mythos vom Garoé-Baum. Am 7. April 1612 fiel der Heilige Baum der Insel einem Wirbelsturm zum Opfer. Glaubt man den zeitgenössischen Aufzeichnungen, so soll das einer mittlerweile ausgestorbenen Baumart zuzurechnende Exemplar bis zu 80 Hektoliter Wasser pro Tag abgetropft haben: Wasser, das der Baum zuvor aus den Wolken kondensiert hatte.

César Manrique hat auch auf El Hierro seine Spuren hinterlassen. Er entwarf das Restaurant am Mirador de la Peña und berücksichtigte dabei in besonderer Weise die vulkanischen Gegebenheiten.

Seit Jahrhunderten findet das schwarze Vulkangestein als Baustoff Verwendung.

Die Wallfahrt zu Ehren der Virgen de los Reyes ist der Höhepunkt im Jahreslauf der Schäfer und Ziegenhirten. Stolz werden die alten Trachten getragen. Flötenklänge und das dumpfe Schlagen der Trommeln bilden den musikalischen Rahmen für die archaischen Tänze des Hirtenfestes.

Der kleine Fischerort La Restinga im äußersten Süden von El Hierro ist der trockenste und wärmste Ort der Insel.

Seite 114/115: Idyllische Küstenlandschaft: Punta Arenas Blancas.

Der Blick von El Hierro nach Teneriffa.

Punta Arenas Blancas.

Unten Mitte: Ruhe bis in alle Ewigkeit: Friedhof von Guaranzoca.

Frühes Sonnenlicht zwischen Weinstöcken, Aprikosen-, Mandel- und Feigenbäumen.

Bizarre Felsformationen: der Roque de Bonanza.

Sabinosa besitzt viel Charme. Winkelige, enge Gassen bestimmen das Bild des Ortes.

Iglesia de la Concepción in Valverde, dem Hauptort El Hierros. Valverde ist einer der ältesten Siedlungen des Archipels; bereits 1405 wurde die Stadt von dem normannischen Eroberer Jean de Béthencourt gegründet.

Seite 122/123: Hotel Punta Grande in Las Puntas: Vier Zimmer und ein tosender Atlantik.

HOTEL

Schäumende Gischt über smaragdgrüner Algenvielfalt: Nur zum Baden eignet sich die Bahia de la Hoya (El Hierro) nicht.

»Die Inseln liegen etwa zehntausend Stadien von Libyen entfernt und heißen "Die Glücklichen". Es regnet dort selten und mäßig, aber die Winde, die sanft sind und Tau mit sich bringen, bewirken, daß die Erde weich und fruchtbar ist. Es herrscht eine reine Luft, durch die die Jahreszeiten ohne großen Wechsel ineinander übergehen...« (Plutarch)

Vor rund 20 Millionen Jahren
Fuerteventura und »wenig» später Lanzarote entsteigen den Wogen des Atlantiks.

Vor 2 bis 3 Millionen Jahren
El Hierro vervollständigt den Kanarischen Archipel.

um 850 v. Chr.
Vermutlich sind die Elysischen Gefilde, die der griechische Dichter Homer im vierten Gesang seiner «Odyssee» beschreibt, mit den Kanarischen Inseln identisch.

Vor rund 2000 Jahren
Wahrscheinlicher Beginn der Besiedlung der Kanarischen Inseln von Nordafrika aus. In mehreren Einwanderungswellen werden die später fälschlicherweise als Guanchen bezeichneten Ureinwohner von den Passatwinden zum Archipel getrieben.

24 n. Chr.
Der in Rom erzogene König Juba II. von Mauretanien, ein Freund des Kaisers Augustus, rüstet eine Expedition unter dem Kommando seines Leibarztes Euphorbius aus, um die lückenhaften Kenntnisse über die geheimnisvollen Inseln zu erweitern.

um 100 n. Chr.
Der Grieche Plutarch preist in seinem »Leben des Sertorius« das Goldene Zeitalter, das auf den »Inseln der Seligen« herrsche. Die Fahrt zu den Inseln beschreibt er folgendermaßen: Man muß die Säulen des Herakles (Gibraltar) passieren und die Mündung des Betis (Guadalquivir) hinter sich lassen.

um 150 n. Chr.
Der Mathematiker, Astronom und Geograph Ptolemäus legt den Nullmeridian an die westliche Grenze der damals bekannten Welt. Erst 1883 wird der Nullmeridian vom Westkap der Insel El Hierro (Punta de Orchilla) nach Greenwich verlegt.

999
Eine arabische Flotte unter Admiral Ben-Farroukh treibt mit der kanarischen Urbevölkerung Handel.

um 1312
Der Genuese Lanceloto Malocello landet auf dem nach ihm benannten Lanzarote und bleibt über 20 Jahre auf der Insel.

1344
Papst Clemens VI. verteilt als Gottes Stellvertreter in Avignon ein Stück der Welt an Luis de la Cerda, dem Urenkel König Alfonsos X. von Kastilien. Nur die Guanchen wissen nichts davon, daß sie und ihre Inseln für jährlich 400 Gulden in Gold zum erblichen Lehen geworden sind.

1402
Der normannische Ritter Jean de Béthencourt geht an den Papagayo-Stränden an Land und erobert im Namen der spanischen Krone Lanzarote, drei Jahre später auch Fuerteventura und El Hierro.

1447 - 1450
Unter Hernán Peraza, dem verhaßten Grafen von Gomera, wird in San Sebastián der Torre del Conde, ein dreistöckiger quadratischer Befestigungsturm, errichtet. Der fünfzehn Meter hohe Turm gilt als das bedeutendste nichtkirchliche gotische Bauwerk auf den Kanaren.

1492
Christoph Columbus läuft vor seiner berühmten Entdeckungsreise die Inseln Gran Canaria und Gomera an, um sich ein letztes Mal mit frischem Wasser zu versorgen. Am 6. September bricht er - vom Passatwind getrieben - mit seinen drei Karavellen in San Sebastián auf.

1496
Nach zwei Jahre währenden Kämpfen gelingt es den Spaniern unter der Führung von Alonso de Lugo, Teneriffa als letzte Insel des Kanarischen Archipels zu erobern. Die Guanchen sind unterworfen, ihre Kultur verschwindet bis auf wenige Relikte (wie die Pfeifsprache El Silbo).

1514
Ein Gesetz, das die Altkanarier mit den Spaniern rechtlich gleichstellt, beschleunigt die Vermischung beider Bevölkerungsgruppen.

1553
Der französische Pirat Le Clerq plündert Santa Cruz, die Hauptstadt von La Palma, und läßt sie anschließend niederbrennen. In den nächsten zwei Jahrhunderten fallen mehrfach Piraten und Sklavenjäger über die sieben Hauptinseln her.

1583
Der englische Weinhändler Thomas Nichols veröffentlicht »A pleasant description of the Fortunate Ilands«, das erste Buch, das sich ausschließlich mit den Kanarischen Inseln beschäftigt.

1730 - 36
Es kommt zu verheerenden Vulkanausbrüchen auf Lanzarote. Ein Viertel der Insel und elf Dörfer verschwinden unter einer meterdicken Lavaschicht. Die Menschen können sich rechtzeitig in Sicherheit bringen, so daß kein einziger Toter beklagt werden mußte.

1770/71
Fuerteventura und Lanzarote werden von einer großen Hungersnot heimgesucht. Auf Lanzarote sterben in kurzer Zeit mehr als tausend Menschen.

1797
Admiral Horatio Nelson verliert vor Santa Cruz de Tenerife seinen rechten Arm und seine einzige Seeschlacht; der nach 1657 und 1706 dritte englische Eroberungsversuch wird erfolgreich zurückgeschlagen.

1799
Alexander von Humboldt legt auf seiner Forschungsreise nach Südamerika in Teneriffa eine Woche Rast ein und zeigt sich von der Anmut der Landschaft begeistert.

1817
In La Laguna auf Teneriffa wird die erste und bis 1990 einzige Universität der Kanarischen Inseln gegründet.

1824
Die bislang letzte Vulkaneruption auf Lanzarote.

Mit Inbrunst dabei: Laiendarsteller bei der Karwoche in La Laguna (Teneriffa).

Der Leuchtturm von Punta de Fuencaliente markiert die Südspitze von La Palma, die erst 1971 durch einen Vulkanausbruch erschüttert wurde.

Fuerteventura: »Ein nacktes, skeletthaftes, karges Land aus nichts als Knochen, ein Land, das eine müde Seele zu stählen vermag.« (Miguel de Unamuno)

1852
Die Kanarischen Inseln werden von der spanischen Königin Isabella II. zur Freihandelszone erklärt. Die gewährten Zollvorteile führen zu einer entscheidenden Belebung der kanarischen Wirtschaft.

1880
Zum ersten Mal werden die seit rund 25 Jahren auf den Kanarischen Inseln heimischen Bananen exportiert.

1909
Die letzte Eruption (Vulkan Chinyero) auf Teneriffa ereignet sich rund elf Kilometer nordwestlich des Teide. Ein erneuter Ausbruch gilt als unwahrscheinlich.

1936
General Francisco Bahamonde Franco, der von der republikanischen Volksfrontregierung auf die Kanaren strafversetzt worden ist, trifft am 17. Juli in Santa Cruz de Tenerife die endgültigen Vorbereitungen zu einem Militärputsch, der den Spanischen Bürgerkrieg (1936-39) einleitet. Nach nur drei Tagen ist das gesamte Archipel in der Hand der Faschisten. An den Bürgerkrieg erinnert heute in der Hauptstadt von Teneriffa das »Monumentos de los Caídos« auf der Plaza de España.

1957
Der Charterflugverkehr zu den Kanarischen Inseln wird aufgenommen.

1962
El Hierro erhält seine erste asphaltierte Straße.

1971
Auf La Palma, südlich von Fuencaliente, macht sich am 26. Oktober das bisher letzte Mal ein Vulkan bemerkbar und sorgt wochenlang für Aufregung.

1975
Nach dem Tod Francos wird König Juan Carlos Oberhaupt einer konstitutionellen Monarchie. Die Demokratisierung verläuft ohne großes Aufsehen. In Puerto del Rosario auf Fuerteventura wird eine 3000 Mann starke Truppe der spanischen Fremdenlegion, die aus der früheren Sahara-kolonie abziehen mußte, stationiert.

1977
Auf der Piste des Flughafens von Los Rodeos auf Teneriffa rasen am 27. März 1977 zwei Jumbo-Jets ineinander. Das Flammeninferno fordert 583 Todesopfer.

1981
Der Loorbeerwald von Gomera wird zum Nationalpark Garajonay erklärt.

1984
Schwere Waldbrände wüten auf Gomera. In vier Tagen werden zehn Prozent der Waldfläche vernichtet, zwanzig Menschen, darunter der aus Teneriffa herbeigeeilte Gouverneur, kommen in den Flammen ums Leben.

1986
Spanien tritt der Europäischen Gemeinschaft bei, die Kanaren erhalten jedoch einen Sonderstatus, der ihre bisherigen Privilegien als Freihandelszone berücksichtigt.

1991
Die Kanaren stimmen der Vollmitgliedschaft in der Europäischen Gemeinschaft zu.

1992
César Manrique, der bekannteste Künstler der Kanaren, kommt am 25. September bei einem Autounfall in der Nähe von Tahiche (Lanzarote) ums Leben.

1994
Mit Lanzarote wird erstmals eine komplette Insel von der UNESCO als Biosphärenreservat ausgezeichnet.

»Ewiger Frühling war's, und sanft mit lindwarmen Lüften Streichelt der Zephirwind, und ohne Samen und Blüten, Ja, bald die Früchte gar trägt die ungepflügte Erde; Nicht bestellt färbt das Land sich gelb von hängenden Ähren.« (Ovid, Metamorphosen)

Die fruchtbaren Täler – hier bei Telde – stellen das landwirtschaftliche Kapital von Gran Canaria dar.

Rechts oben: Von der steten Kraft des Windes skurril verformt: der berühmte Zedernwacholder El Sabinal auf El Hierro.

Rechts unten: Die Kirschblüte im März bringt in Erinnerung, daß auch die Kanarischen Inseln dem Wechsel der Jahreszeiten unterworfen sind.

	Textseite	Bildseite
Agaeta, Gran Canaria		55
Agulo, Gomera		90
Anagagebirge, Teneriffa	25, 27	35
Antigua, Fuerteventura		83
Arrecife, Lanzarote	64	
Artenara, Gran Canaria	49	
Ayamosna, Gomera		92, 94
Betancuria, Fuerteventura		80, 85
Bosque El Cedro, Gomera	89	97
Caldera de Taburiente, La Palma	100	13, 102
Caldera de Tejeda, Gran Canaria	48	
Castillo de Fustes, Fuerteventura	79	
Cenobio de Valerón, Gran Canaria	11	
Corralejo, Fuerteventura	79	81
Cruz de Tejeda, Gran Canaria	49	
El Cotillo, Fuerteventura		1, 83
El Hierro	110f	112ff
El Médano, Teneriffa	26	
El Paso, La Palma		100
El Rio, Teneriffa	11	
El Risco, Gran Canaria		47, 54, 57
El Sabinal, El Hierro		125
Fortaleza, Gomera		91
Fuente de la Zarza, La Palma		10, 103
Fuerteventura	78f	80ff
Gáldar, Gran Canaria	49	
Garafia, La Palma		103
Garajonay, Gomera	89	96f
Gomera	88f	90ff
Gran Canaria	46ff	50ff
Guaranzoca, El Hierro		116
Icod de los Vinos, Teneriffa	25	27
Jameos del Agua, Lanzarote	65	72
Jandía-Halbinsel, Fuerteventura	79	82
Jardín de Cactus, Lanzarote		67
La Cumbre, Gran Canaria		16
La Geria, Lanzarote	65	73
La Isleta, Gran Canaria	46f	
La Laguna, Teneriffa	27	28f, 124
La Oliva, Fuerteventura	78	
La Palma	100f	102ff
La Restinga, El Hierro		113
Lanzarote	64f	66ff
Las Palmas, Gran Canaria	46f	46, 55, 60
Las Puntas, El Hierro		122
Los Cristianos, Teneriffa	26	
Los Roques, Teneriffa		31
Mancha Blanca, Lanzarote	64	66
Montañas del Fuego, Lanzarote	64	18, 71, 74
Maspalomas, Gran Canaria	48	48, 56
Mirador de Isora, El Hierro		6
Mirador de las Chocas, La Palma		102
Mocanal, El Hierro		111
Moya, Gran Canaria		50
Orotava-Tal, Teneriffa 8		
Pico de las Nieves, La Palma		103
Pico del Teide, Teneriffa	24f	30f
Playa de las Alcaravaneras, Gran Canaria		46, 58
Playa de las Americas, Teneriffa	26	
Playa de las Canteras, Gran Canaria	47	60
Playa de Santiago, Gomera	88	
Playa del Inglés, Gomera	89	
Playa del Inglés, Gran Canaria	48	
Playa Sotavento		82
Pozo de las Nieves, Gran Canaria	48	
Puerto de la Cruz, Teneriffa	25f	30
Puerto de las Nieves, Gran Canaria		60
Puerto del Carmen, Lanzarote	64	
Puerto del Rosario, Fuerteventura	78, 79	
Puerto Rico, Gran Canaria	48	
Punta Arenas Blancas, El Hierro		114, 116
Punta de Fuencaliente, La Palma		105, 125
Punta de los Palos, El Hierro		110
Punta de Orchilla, El Hierro	110	
Roque Agando, Gomera		92
Roque de Bentaiga, Gran Canaria	49	51
Roque de los Muchachos, La Palma	100	107
Roque del Huso, La Palma		103
Roque Nublo, Gran Canaria	49	
Roque Pernal, Gran Canaria		14
Sabinosa, El Hierro		120
Salinas de Janubio, Lanzarote	65	
San Bartolomé, Lanzarote	11	
San Nicolás de Tolentino, Gran Canaria		52
San Sebastián, Gomera	88	

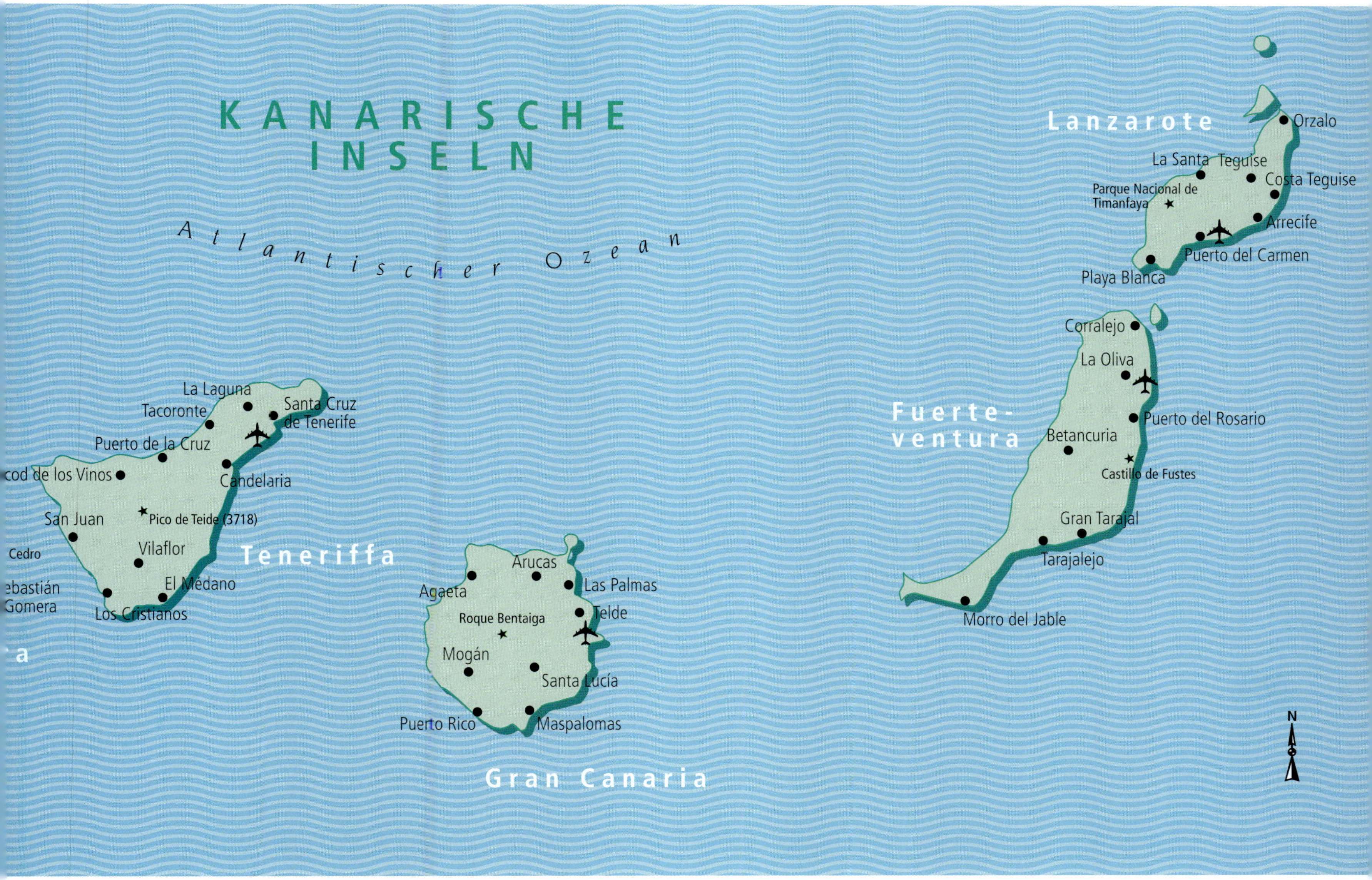

Santa Cruz, La Palma	101	101, 105
Santa Cruz, Teneriffa	26f, 38	26, 42
Tacoronte, Teneriffa		30
Tahiche, Lanzarote	11	
Tamargada, Gomera		94
Teguise, Lanzarote		67
Tejeda, Gran Canaria		56
Teneriffa	24ff	28ff
Timanfaya, Lanzarote	64	
Valle Gran Rey, Gomera	88 89	89, 92ff
Vallehermoso, Gomera		92
Valverde, El Hierro		121
Vega de Río, Fuerteventura		80
Yaiza, Lanzarote		67, 70

Z

Impressum

LOOK – Die Bildagentur der Fotografen
ist ein Zusammenschluß von derzeit 20 renommierten Fotografen. Erst vor wenigen Jahren gegründet, zählt die Fotografengemeinschaft aufgrund ihres anspruchsvollen Bildangebotes mittlerweile zu einer der führenden Agenturen in Deutschland.
So vielseitig wie die Fotografen sind auch ihre Themen (Reise, Sport, Wildlife, Reportage, Mode, etc.) und deren fotografische Umsetzung.

Die an der **LOOK/Stürtz-Bildbandreihe** beteiligten Fotografen zählen zu den besten in ihrem Metier. Lange Reisen in die jeweiligen Länder oder Städte sind Garant für stimmungsvolle Landschafts- und Architekturaufnahmen und bieten einen umfassenden Einblick in die kulturellen Besonderheiten.

LOOK – Die Bildagentur der Fotografen
Kapuziner Str. 9
80337 München
Tel. 089 / 2 60 63 20
Fax 089 / 2 60 63 22

Buchgestaltung
Matthias Kneusslin, hoyerdesign, Freiburg

Karte
grafis, Dortmund

Die Deutsche Bibliothek - CIP-Einheitsaufnahme

Kanarische Inseln / Ralf Nestmeyer; Jürgen Richter. -
Würzburg : Stürtz, 1996
ISBN 3-8003-0724-3
NE: Nestmeyer, Ralf; Richter, Jürgen

Alle Rechte vorbehalten

© 1996 Stürtz Verlag GmbH, Würzburg
© Fotos: Jürgen Richter, Agentur LOOK, München

Repro: Rete GmbH, Freiburg
Druck und Verarbeitung:
Universitätsdruckerei H. Stürtz AG, Würzburg

ISBN 3-8003-0724-3